Der Loskauf Gefangener

Ein Rechtsproblem seit drei Jahrtausenden

von

Adalbert Erler

ERICH SCHMIDT VERLAG

CIP-Kurztitelaufnahme der Deutschen Bibliothek

Erler, Adalbert

Der Loskauf Gefangener : e. Rechtsproblem seit 3 Jahrtausenden. — 1. Aufl. — Berlin : E. Schmidt, 1978.

ISBN 3-503-01275-3

ISBN 3 503 01275 3

Druck: Berliner Buchdruckerei Union GmbH, Berlin 61

Der Hohen Rechtswissenschaftlichen Fakultät
der Universität Modena
in Dankbarkeit und Freundschaft

Vorbemerkung

Die nachfolgende Studie über den Loskauf Gefangener ist aus einem Vortrag entstanden, den ich im Herbst 1976 auf dem 21. Deutschen Rechtshistorikertag in Linz an der Donau gehalten habe. Das damals Berichtete ist hier durch wissenschaftliche Belege, durch Exkurse und durch Texte erweitert und durch Parallelen aus der Gegenwart bereichert. Ich habe insbesondere auch viele Anregungen und Hinweise aufgenommen, die mir teils vor teils nach dem Vortrage von Kollegen und von Schülern zuteilgeworden sind. Ihnen allen bin ich dankbar. Dankbar bin ich auch dem Präfekten der Biblioteca Vaticana in Rom, dem Direktor des Staatsarchivs der Freien und Hansestadt Hamburg und dem Generaldirektor der Staatlichen Archive Bayerns, die mich mit wertvollen Anregungen unterstützt haben. Der Deutschen Forschungsgemeinschaft danke ich für eine Reisebeihilfe, die es mir möglich machte, Bibliotheken und Archive in Rom und in der Città del Vaticano zu besuchen.

Ich widme diese Studie der Hohen Juristischen Fakultät der Universität Modena (Italien), welche mir am 12. Dezember 1975 aus Anlaß des achthundertjährigen Bestehens dieser Universität die Würde eines Ehrendoktors der Rechte verliehen hat.

Adalbert Erler

Inhalt

Einleitung

An minen sinnen ne can ich iz nicht uph genemen na der warheit, daz ieman des anderen sole sin —

„Mit meinem Verstande kann ich es nicht begreifen, daß jemand einem anderen zu Eigentum gehören dürfe“: Mit diesen schmerzerfüllten Worten leitet EIKE VON REPGOW ein langes Kapitel seines Sachsenpiegels ein, das sich gegen Versuche wendet, die Sklaverei mit Aussagen der Heiligen Schrift zu stützen. Doch erst seit der Aufklärung weichen Sklaverei und Knechtschaft zurück, und wenn eine jüngere deutsche Landesverfassung statuiert „Der Mensch ist frei“, so trifft dieser Satz heute sowohl als Forderung wie als Aussage im wesentlichen zu. Die Unfreiheit gehört der Geschichte an. Aber selbst als Gegenstand der Geschichte wird sie noch heute mit Leidenschaft erörtert, zumal es uns häufig scheinen will, als trenne uns nur eine dünne Wand von den Formen der Unfreiheit in älteren Zeiten.

Eine reiche moderne Literatur beschäftigt sich daher mit der Unfreiheit in Antike und Mittelalter. Vieles davon ist Tendenzschriftstellerei, vieles aber auch gründliche gelehrte Forschung, die es heute jedem möglich macht, die historische Wahrheit zu erkennen, sofern er nur ernstlich will. Ich erwähne aus der Fülle des Schrifttums die Forschungen von Charles VERLINDEN[1] und von Gerd TELLENBACH[2]. Ich erwähne das bedeutende Werk von Joseph HÖFFNER[3], und aus jüngster Zeit die Schrift des Althistorikers Hermann STRASBURGER[4].

---

[1] Charles VERLINDEN, L'esclavage dans l'Europe médiévale, Brügge 1955; derselbe, L'esclavage sur la côte dalmate au bas moyen âge, Gent 1970; derselbe, L'esclavage noir en France méridionale et courants de traite en Afrique, Gent 1966; derselbe, L'esclavage en Sicile sous Fréderic II. d'Aragon, Gent 1966; derselbe, L'esclavage dans le centre et le nord de l'Italie continentale au bas moyen âge, Gent 1970.

[2] Gerd TELLENBACH, Libertas. Kirche und Weltordnung im Zeitalter des Investiturstreites, 1936; derselbe, Vom Mittelalter zur Neuzeit, in: Saeculum Weltgeschichte 5, S. 69 f., 145 f.

[3] Joseph HÖFFNER, Christentum und Menschenwürde, 1947, 2. Auflage unter dem Titel Kolonialismus und Evangelium, 1969.

[4] Hermann STRASBURGER, Zum Thema Sklaverei aus römischen Inschriften und Rechtsquellen. Im Erscheinen.

Die Unfreiheit ist aber nicht nur ein Forschungsgebiet der Allgemeinhistoriker, sondern auch der Rechtsgeschichte. Unter den Vertretern der Rechtsgeschichte sind vor allem Wilh. EBEL[5], Hermann NEHLSEN[6] und Theo MAYER-MALY[7] mit Forschungen auf diesem Felde hervorgetreten.

Aus der Fülle des rechtsgeschichtlich so ergiebigen Stoffes soll diese Untersuchung ein Einzelthema zur Darstellung bringen, das zwar zunächst als Randgebiet erscheinen mag, aber doch vom Rande her wieder das ganze ins Licht setzt: es ist der L o s k a u f d e r G e f a n g e n e n: Ein Lichtschein in einem dunklen Bilde, der in der Vergangenheit zwar niemals ausgereicht hat, eine „Systemüberwindung“ herbeizuführen, der aber doch eine wesentliche Linderung, ja Korrektur des Systems der Unfreiheit bedeutet hat.

Der Loskauf Gefangener ist kein völliges Neuland innerhalb der Rechtswissenschaft. Bartolus, Zasius und Grotius haben das Thema für ihre Zeit juristisch behandelt; es hat vor allem einen wichtigen Platz in der Geschichte des Völkerrechts. Daß die Materie des Loskaufs auch einen beängstigenden Bezug zur G e g e n w a r t hat, wird jeder aufgeschlossene Leser dieser Studie spüren; doch ist es nicht möglich, diese Bezüge und Parallelen in jedem Falle ausdrücklich hervorzuheben.

„Loskauf Gefangener“: Zur Eingrenzung des sehr umfassenden Themas seien vorweg zwei Dinge bemerkt: Einmal — der Verfasser ist „Germanist“, sein Fach ist die Deutsche Rechtsgeschichte. Demgemäß liegt der Akzent dieser Studie auf Mittelalter und früher Neuzeit; doch ist eine Isolierung gegenüber der Antike bei diesem Stoff nicht möglich, denn die Materie ist durch Antike und Mittelalter weitgehend konstant. Die „Natur der Sache“ bewirkt hier die Kontinuität, ja die Identität. Es gibt auf einigen Gebieten eine „ewige Wiederkehr der Rechtsfiguren“.

Sodann bedarf es eines Wortes zu dem Titel „Loskauf Gefangener“: Ein sorgfältiger Leser wird bemerken, daß hier eine gewisse Unschärfe des Begriffs waltet. Denn eine Gefangenschaft kann viele Rechtsgründe haben: Kriegsgefangenschaft, völkerrechtliche Geiselschaft, *servitus*, Knechtschaft, richterliche Haft. Endlich gibt es auch den nackten Menschenraub, das *plagium* der Antike und des Mittelalters, das in unserer Gegenwart so schrecklich wiedererstanden

---

[5] Wilhelm EBEL, Sklavenversicherung und Sklavereiversicherung, Zeitschrift für Versicherungswissenschaft 1963; derselbe, Lübisches Recht I 1971.

[6] Hermann NEHLSEN, Sklavenrecht zwischen Antike und Mittelalter I 1972.

[7] Theo MAYER-MALY, Das Notverkaufsrecht des Hausvaters, ZRG (RA) 75 (1958).

ist.[8, 9] Nicht jeder *captivus* ist *servus.* (Ein unter christlichen Gegnern Gefangener z. B. wird *captivus,* nicht *servus;* für einen Spanier des Mittelalters ist sein in Algier gefangener Landsmann ein *cautivo* — für einen Algerier *servus*). Aus Gründen der Straffung sollen aber für das spezielle Thema diese Schattierungen übergangen und höchstens dann hervorgehoben werden, wenn es auf den personenrechtlichen Status wirklich ankommt. — Noch ein weiterer Unterschied soll hier übergangen werden: der zwischen dem Loskauf aus der Kriegsgefangenschaft und demjenigen aus der Unfreiheit als Stand des älteren Rechts (Sklaverei im Sinne des römischen Rechts, Hörigkeit und Leibeigenschaft im Sinne des Mittelalters). Während im ersten Falle der Loskauf durch die Möglichkeit einer Pression von seiten des Gewalthabers gekennzeichnet ist, fehlt dieses Merkmal gewöhnlich im zweiten Fall. Trotz dieses Unterschiedes ist der Loskauf aus dem Stande der Unfreiheit in diese Arbeit gelegentlich mit einbezogen worden — wir glauben mit Recht. Denn beide Sachverhalte gehen ineinander über, oft entwickelt sich aus dem ersten der zweite. Nicht mit Unrecht bezeichnet die Rechtssprache des Mittelalters mit *servus* sowohl den Sklaven wie den „Knecht".[10]

[8] Einige italienische Statuten bedrohen die Gefangennahme zur Erpressung von Lösegeld mit Strafe (G. DAHM, Das Strafrecht Italiens im ausgehenden Mittelalter, 1931, S. 489 f.). Vielleicht zielt auch Art. 126 der Carolina auf dieses Verbrechen (so G. RADBRUCH, Festschrift für Pappenheim, 1931, S. 37 f.). B. Carpzov hat unter dem todeswürdigen *plagium* vor allem Fälle des Kindesraubes zur Erpressung von Lösegeld verstanden (Practica Nova Imperialis, 1635, Quaestio 90). Näheres bei F. SCHAFFSTEIN, Raub und Erpressung in der deutschen gemeinrechtlichen Strafrechtsdoktrin, insbes. bei Carpzov, Festschrift für K. Michaelis, 1972, S. 281 f., insbes. S. 291.

[9] Der Mainzer Landfrieden Heinrichs IV. v. J. 1103 bestimmt: *Nullus aliquem capiat propter pecuniam* (Zeumer Nr. 3). Ist an eigenmächtige Festnahme eines Schuldners gedacht, also Schuldhaft, oder an Festnahme zur Erpressung von Lösegeld?

[10] Vgl. dazu die feinen Beobachtungen bei H. NEHLSEN, Sklavenrecht zwischen Antike und Mittelalter, Bd. 1, 1972, S. 58 f.

Der Begriff des Loskaufes

Das Wort Loskauf ist eine späte Bildung; Beleg in Grimms Deutschem Wörterbuch ist Niebuhr. Offenbar ist Loskauf eine Übersetzung vom lateinischen *redemptio.* Beide Wörter erinnern an Kauf — es bedarf aber keiner Erläuterung, wie wenig das Geschäft mit dem Kauf zu tun hat[1, 2]. Das Mittelalter sprach zutreffender von Lösung, ja Erlösung. Man vergleiche dazu die Belege des Deutschen Rechtswörterbuches zu dem Wort „erlösen". Nun bietet aber schon in der Bibel der Loskauf eine wichtige heilsgeschichtliche Allegorie. In der Vulgata bedeutet *redemptio* mit gutem Grund Lösung und Erlösung zugleich. Als dann später Luther in seiner Bibelübersetzung das Wort Erlösung anwandte, meinte auch er zugleich den weltlichen und den göttlichen Loskauf; jeder Zeitgenosse erfaßte im 16. Jahrhundert diesen Doppelsinn und verstand damit die Bibel richtig. Später aber wurde „Erlösung" zu einem speziellen christlich-theologischen Begriff und paßte von nun an nicht mehr auf den Loskauf. Nur das Wort „Lösegeld" ist geblieben — es war nicht durch die Sprache der Luther-Bibel besetzt.[3] „Lösegeld" — man spricht also zutreffend

---

[1] Der Rechtscharakter des Geschäfts verdichtet sich ein wenig, wenn der Gefangene ein Kriegsgefangener unter christlichen Gegnern wird (*captivus,* nicht *servus*). Durch die akzeptierte Ergebung des Unterlegenen soll nach der juristischen Doktrin des Mittelalters ein vertragsähnliches Verhältnis entstehen, das den Sieger zu humaner Behandlung des Besiegten verpflichtet, und diesen, nicht zu entfliehen; angesichts der Tatsache, daß dem Sieger ein Tötungsrecht zustand, besteht der Anspruch des Siegers auf Lösegeld zu recht. — So die Lehre von Bartholomaeus a Salyceto und Paris a Puteo, näher dargestellt in der sehr ansprechenden Dissertation von Wolfgang WUNDERLICH, Das Kriegsgefangenenrecht im Deutschen Reich vom 16. Jh. bis 1785, Köln 1968, S. 20 f. — Ich sehe in den Theorien der mittelalterlichen Juristen freilich nur blutleere Konstruktionen.

[2] In den europäischen Sprachen finden sich Wörter, die „Kauf" bedeuten, so engl. *ransom,* frz. *rançon* von lat. *redemptio,* ferner *rachat* von *acheter,* spätlat. *re-adquistare;* andererseits ital. *riscatto,* span. *rescate* von **re-excaptivare.* — Das antiquierte deutsche Wort „ranzionieren" leitet sich von franz. rançon her und bedeutet loskaufen, oft aber auch die (verbotene) Freilassung durch den Soldaten, der ihn gefangen hat; sodann auch die so befreiten oder allgemein die entwichenen Kriegsgefangenen, die nun mittellos und hungernd oder stehlend im Lande umherziehen.

[3] Das preußische Allgemeine Landrecht benutzt in einem dem Loskauf verwandten Falle, nämlich für die Geldsumme, die ein aus der Untertänigkeit Entlassener an seine bisherige Herrschaft zu zahlen hat, das Wort „Loslassungsgeld". Offenbar wollte das

nicht von Kaufpreis. Auch das Mittellatein spricht selten von *pretium,* manchmal aber von *talea,* verwandt mit französisch *taille,* hoheitliche Abgabe.

Im Begriff des Loskaufes verbirgt sich aber noch ein weiterer Inhalt, der leicht übersehen wird, weil er einer mehr archaischen Stufe angehört: Loskauf ist auch eine Zahlung dafür, daß der Gewalthaber, namentlich der Sieger im Kampfe, dem Unterlegenen das Leben geschenkt hat. Der Unterlegene hat das Leben verwirkt, aber der Sieger hat ihn geschont (das lat. Wort *servus* ist nach zutreffender etymologischer Deutung nicht vom *servire* des Unterlegenen, sondern vom *servare* des Herren abzuleiten, der den Unterlegenen bewahrt hat). Während nun uns Heutigen vor allem die Unmenschlichkeit des Gewalthabers ins Auge fällt, sieht eine frühe Zeit auch das Gegenteil: die Milde des Siegers. Ein Beispiel bietet Saxo Grammaticus[4]: Der Herzog Hadingus führt Krieg gegen Handvanus von Hellespontus und nimmt ihn gefangen. „Er gestattete ihm aber, sich durch Aufwiegen seines Körpers mit Gold loszukaufen. Obgleich er seinen Feind töten konnte, wollte er ihm doch lieber das Leben schenken. So sehr beschränkte die Milde bei ihm die Grausamkeit."

Von der Seite des Siegers und Gewalthabers her heißt das Verlangen nach Lösegeld in der älteren deutschen Rechtssprache *schatzen, schätzen,* beides von mhd. *schaz.* Das Wort *schaz* bedeutet aber ursprünglich nicht Schatz, sondern Vermögen, Reichtum. Von diesem älteren Wortsinn her erklärt sich der ältere Doppelsinn des Wortes „schätzen", der einmal die Bedeutung „Vermögensbesteuerung" zuläßt (so bei Luther in der Geburtsgeschichte Jesu, Lukas 2. 1 — „daß alle Welt geschätzet würde"[5]), ferner aber die Bedeutung ermöglicht „gegen Lösegeld freilassen". Reiche und instruktive Belege für *schetzen* i. S. der Lösegeldforderung bietet die Chronik des Matthias von Kemnat.[6] Der Chronist berichtet von der Gefangennahme vieler deutscher Fürsten durch Friedrich den Siegreichen von der Pfalz in der Schlacht von Seckenheim (30. Juni 1462), und für jeden einzelnen Fall berichtet er, wie hoch der Sieger den Gefangenen „schetzte": *man sol furbas wissen, das die gefangen fursten geschetzt wurden nach dem hernach geschriben steht. Der bischoff von Metze wart geschatzt umb*

Gesetz in diesem Zusammenhange das Wort Lösegeld vermeiden (ALR II 7 § 531 ff., ferner II 17 § 117).

[4] Saxo Grammaticus, übersetzt von H. Jantzen, Bd. I, 1900, S. 37. — Aufwiegen in Gold ist die älteste Form des Wergeldes bei Mord. Amira, Grundriß des German. Rechts III 199.

[5] Die Vulgata hat *ut describeretur universus orbis.*

[6] Quellen z. Gesch. Friedrich I., hg. von K. Hofmann, Bd. I, 1862 (Neudr. 1969), S. 44, 45.

XLV^m gulden und die schloß Bergart, sant Debolt und sant Crutz ... Der marckgraff von Baden wart geschatzt umb hundert thusent gulden. Daran gab er sein theil an der graffschafft zu Spanheim ... Graff Ulrich von Wirtenburg wart geschatzt umb hundert thausent gulden. Der gab er XL^m bar, und XX^m wurden uff die Bergstrasse von dem stifft Mentz geschlagen ... und hat Marckbach zu lehen gemacht.

Das Wort schätzen im Sinne von Verschonung gegen Lösegeld lebt fort in dem modernen Wort brandschatzen; doch ist dessen ursprünglicher Sinn gerade n i c h t das Niederbrennen, sondern die Verschonung mit Feuer und Plünderung gegen Zahlung einer Geldsumme.[7]

[7] RWB II Sp. 459 f. Brandschatzen, Brandschatzgeld.

Die Quellenlage

Die Quellenlage ist, wenn man die gewaltige menschliche und wirtschaftliche Bedeutung des Loskaufes bedenkt, nicht gut. Am reichsten fließen die Quellen noch im römischen Recht, und viele römische Regelungen hat das Mittelalter auch beibehalten. Mittelalterliche Volksrechte und Rechtsbücher berühren die Materie nur hier und da, reichlich eigentlich nur in Spanien. Hier ist das großartige Gesetzeswerk *Las Siete Partidas* hervorzuheben. Manches findet sich in den Stadtrechten Spaniens und Portugals.[1] In Deutschland geben die Hanserezesse einiges her, aus ihnen hat Wilhelm EBEL manches Wertvolle zu unserem Thema publiziert. Sonst aber schweigen die Statuten mittelalterlicher Städte fast ganz. Das verwundert vor allem in der Fülle erhaltener und edierter Statuten Italiens.

Der Grund der schlechten Quellenlage liegt jedoch nicht in einer lückenhaften Überlieferung, sondern darin, daß verständlicherweise die Neigung der loskaufenden Instanzen gering war, sich rechtlich festzulegen oder sich auch nur in die Karten sehen zu lassen. (Auch in unseren Tagen erfahren wir ja über die Handhabung des Loskaufes fast nichts.)

Offenherziger ist die Sprache der Archive. Hier sind dem Fleiße von Charles VERLINDEN wertvolle Funde gelungen, namentlich auch solche für das Mittelalter. In Deutschland gelangen dem Verfasser dieser Studie einige Funde in den Archiven Hamburgs und Münchens, doch nur für die Neuzeit (ab 18. Jh.). Reicher sind die einschlägigen Bestände des Vatikanischen Archivs und des Archivs der Congregatio de Propaganda Fide in Rom. Alles in allem ist die Quellenlage für den Rechtshistoriker ungünstig. Eben deshalb kann die vorliegende Untersuchung auch nur ein Bild entwerfen, das aus vielen, bisweilen zeitlich und örtlich auseinanderliegenden Teilstücken zusammengesetzt ist.

---

[1] Ch. VERLINDEN, L'esclavage dans l'Europe medievale, Teil I, 1955; daselbst: La condition des esclaves d'après le droit municipal (S. 567).

Wer tritt als Loskäufer auf?

Der Gefangene selbst

Bisweilen ist der Loskäufer der Gefangene selbst. Wer die Wirklichkeit der Gefangenschaft kennt, der weiß, daß kein Gefangener völlig ohne Mittel ist — und nun gar in der Levante. VERLINDEN berichtet von Galeerensklaven, die soviel Mittel besaßen, daß sie einen Ersatzmann für ihre Galeerenbank ankauften und dabei noch einen G e w i n n erzielten.[1] Die Schilderung bei VERLINDEN wird bestätigt durch den Bericht eines Schweizer Medizinstudenten Thomas Platter, der 1597 die Galeeren zu Marseille besuchte: „... dann wann sie in einem port still ligen unndt nicht gemeine gescheft haben ..., ist einem yeden erlaubt, sein handtwerck, oder wass er kan, in den galeren zetreiben unndt g e l t z u v e r d i e n e n, darumb er wein, kleider oder wass ihme gefelt kaufen mag, auch so er genug hatt verdienet oder ihme so viel gesteuret wirdt, d a s s e r s i c h l e d i g k a u f e n k a n, s t e h e t e s i h m e a u c h f r e y."[2]

Manchmal besaß ein Gefangener auch ein rechtlich anerkanntes Vermögen, ein *peculium.* Aus der Antike sind viele Zeugnisse über legitime Selbst-Loskäufe überliefert. Mit zugekniffenen Augen — *coniventibus oculis* — konnte man nach Ulpian in Rom über die Geschäftsunfähigkeit des Sklaven im Falle seines Loskaufes hinwegsehen.[3; 4] In Griechenland hinterlegte der S k l a v e oft das Lösegeld im Tempelschatz; der Tempel kaufte sodann den δοῦλος dem bisherigen Eigentümer ab, aber der Tempel hatte dann als Treuhänder gehandelt — der Sklave war frei.[5] Im 7. Jahrhundert ist bei den Westgoten ein

---

[1] Ch. VERLINDEN, L'Esclavage dans L'Europe médiévale I. Brügge 1955, S. 851.

[2] Abdruck bei Louis CARLEN, Die Galeerenstrafe in der Schweiz, Zeitschr. f. d. Ges. Strafrechtswissensch., Bd. 88, Heft 2 (1976), S. 574/75.

[3] D. 40, 1, 4, 1: Et primo quidem nummis suis non proprie videtur emptus dici, cum suos nummos servus habere non possit, verum *coniventibus oculis* credendum est suis nummis eum redemptum, cum non nummis eius, qui eum redemit, comparatur.

[4] Lothar v. SEUFFERT, Der Loskauf von Sklaven mit ihrem Geld. Festschrift f. d. Juristische Fakultät in Gießen, hg. von Reinhard Frank, 1907, S. 1.

[5] Ludwig MITTEIS, Reichsrecht und Volksrecht in den östlichen Provinzen des Römischen Kaiserreiches, 1891 (Neudr. 1935), S. 374 ff.; A. DEISSMANN, Licht vom Osten, [4]1923, S. 274.

Sklavenvermögen nachweisbar, aus dem der Sklave bewegliche Sachen veräußern durfte.[6] Den Selbstloskauf eines Sklaven aus eigenen Mitteln (*peculiare*) bezeugt die fränkische Formelsammlung der Cartae Senonicae. Hier findet sich unter Nr. 43 die Formel für eine vom bisherigen Gewalthaber auszustellende Loskauf-Urkunde unter der Überschrift *Redemptionali*: mihi prepatuit plenissima et integra voluntas propter nomen Domini, ut de servitio meo temet ipsum vel omne peculiare tuo redimere deberis; quod ita et fecisti. Dedisti mihi pro hoc ... solidos tantos. Propterea hanc cartolam redemptionale in te fieri et adfirmare rogavi, ut taliter fias ingenuus.[7] — Auch *captivi* und *servi* im mittelalterlichen Algier haben sich gelegentlich selbst losgekauft; manchmal so, daß mehrere *servi* Geld zusammenlegten, um damit einen der Ihrigen loszukaufen, welcher dann von der Heimat aus die Befreiung der Brüder betreiben sollte.[8] Lag der Gefangene im eigenen Lande oder im eigenen Dorf in Haft, so kam als Ausweg die Bürgschaft in Frage. Der Gefangene durfte dann mit Erlaubnis seines Gewalthabers aus der Haft einen Boten zu seinen Verwandten und Nachbarn senden, damit diese für ihn bürgten: ein rechtlich und tatsächlich möglicher Weg, da die Bürgschaft im Mittelalter selbstschuldnerisch und nicht akzessorisch war. Etwaige Willensmängel auf seiten des Gefangenen berührten daher die Bürgschaft nicht. Ein ansprechendes Beispiel bietet das Urteil Nr. 180 des Ingelheimer Oberhofes.[9]

Bisweilen ließ der Gewalthaber seinen Gefangenen wohl selbst in die Heimat aufbrechen, um von dort aus den Loskauf zu bewerkstelligen; der Gefangene mußte dann sein Wort verpfänden. Diesen Fall behandelt Sachsenspiegel III, 41: Jedes Gelöbnis eines Gefangenen soll ungültig sein, das er im Gefängnis leistet; läßt man ihn aber auf seine Treue reiten zu Tage (d. h. auf einen Termin), dann soll er wieder kommen und seine Treue ledigen.[10] In der Tat bezeugt die Geschichte viele Fälle treuer Erfüllung des gegebenen Wortes — auch der

---

[6] H. Nehlsen, Sklavenrecht I, 1972, S. 169.

[7] MGH, Legum Sectio IV, hg. v. Karl Zeumer, S. 204.

[8] Ein Beispiel dafür aus der Antike bietet bereits Dig. 3. 5. 21: Cum a Lusitanis tres capti essent, et unus ea condicione missus, uti pecuniam pro tribus afferret usw.

[9] JOH (Erler) Nr. 180, Anfrage aus Kirn a. d. Nahe, 1400: ein man sesse gefangen und der hette einen stiefson; den bede er, daz er nach den nachgeburen umb gynge, daz sie sine burgen wurden. Der stiefsohn gunge und brechte ire X zu hauffe. Du gungen sie zu deme gefangen. Du bede sie der gefangen, vur in czu sprechen ... (vgl. auch Nr. 178).

[10] Sachsenspiegel III 41. 1. Jewelkes gevangenen dat unde gelobede ne sol durch recht nicht stete sin, daz her binnen venknisse lobet; lezit men in aber ledich upphe sine truwe riden zu tage, her sol durch recht weder comen unde sine truwe ledigen.

Erfüllung durch Rückkehr in die Haft. Klassisches Vorbild ist hier Atilius Regulus.[11] Ich nenne Friedrich den Schönen von Österreich 1325; ferner Johann II. von Frankreich, der nach England in die Haft zurückkehrt. Es gibt aber ebenso den Wortbruch; etwa Franz I. von Frankreich, des Gefangenen Karls V. aus der Schlacht von Pavia.[12]

Die zitierte Vorschrift des Sachsenspiegels, die in diesem Falle gemeineuropäisches Recht wiedergibt, ist freilich zugeschnitten auf eine begrenzte Welt, insbesondere auf eine intakte Ritterwelt.[13] Das Ehrenwort mußte ja glaubwürdig sein; es band auch nur, wenn der Gefangene nicht *untruwelike* gefangen war, also in rechter Fehde, im *bellum iustum*; meist aber hatten die Gegner sich wechselseitig *bellum iniustum* vorzuwerfen; und besonders wenig galt das Ehrenwort im heidnischen Ausland, etwa im mohammedanischen Algerien.

Aber selbst wenn das Ehrenwort unter christlichen Rittern gegeben worden war, bestand oft die Möglichkeit, sich davon durch Papst und Kaiser dispensieren zu lassen. Johann XXII. hat Friedrich den Schönen von Österreich dispensiert, und späterhin Papst Clemens VII. Franz I. von Frankreich.[14] 1467 ließ sich Graf Schaffried von Leiningen durch Kaiser Friedrich III. *von glub und eide* entbinden, die er als Gefangener gegenüber Kurfürst Friedrich von der Pfalz geleistet hatte (er führte nun den Beinamen *der ungetruwe*).[15]

Die Beispiele zeigen, wie schwierig es für einen Gefangenen war, durch eigenes Handeln oder Geloben die Freiheit zu gewinnen; vollends galt das für die Menge der kleinen Leute.

So ist denn die Regel, daß der Loskauf von außen bewerkstelligt wird. Zunächst in der Antike. Bei Homer tritt als Loskäufer der Gastfreund auf, der

---

[11] Exkurs 1, Seite 76.

[12] Exkurs 4, Seite 88.

[13] Näheres bei W. Knorr, Das Ehrenwort Kriegsgefangener, 1916 (Gierkes Untersuchungen 127).

[14] Exkurs Nr. 4, unten S. 91.

[15] Quellen z. Geschichte Friedrichs I, hg. von K. Hofmann, Bd. I, 1862 (Neudr. 1969), Chronik des Matthias von Kemnat, S. 48:

> Darnach schatzt Ludwig herre zu Liechtenberg seinen feint graff Schaffridt von Liningen *den vngetrauwen.* Als er den ob vier oder funff jar in gefengknuss gehabt hett, derselbig Schaffride mit hocher, erbarmlicher vnd diefer flehe den pfaltzsgraffen batte, ime zu gonnen, das er Gutenberg pflege, Minfelt vnd Cannel mit ander zugehort zu redttung seines lebens vbergeben mochte dem von Liechtenberg. Das williget der pfaltzgraff vnd meint es gar getrewlich. Aber es kame ime von graff Schaffride, als er aus gefencknuss kome, zu keinem danck, dan er liess sich den keiser *von glub vnd eide absoluieren* vnd stund zur forderung vmb die schloss.

ξεῖνος.[16] In Rom dient dem gleichen Zweck die *hospitalitas.* ξεῖνος und *hospes* fungieren gleichsam als Privat-Konsuln, namentlich großer Familien. Beim Loskauf sind sie allerdings wohl nur Organisatoren, mit der Aufgabe der bloßen Vor-Finanzierung, so daß die Familie des Gelösten dem *hospes* die Aufwendungen erstattet.

Die Familie

In der Tat ist sie zu allen Zeiten der wichtigste Loskäufer gewesen. Das ältere israelitische Recht kannte die Institution der *ge'ulla*, d. h. eines Loskaufes, zu dem die Verwandten eines Versklavten in bestimmter Reihenfolge berechtigt bzw. verpflichtet waren.[17] Der Loskauf durch die Familie gilt im römischen Recht als *iusta et honesta causa.* (D. 24. 3. 20) Eine Pflicht der Familie wird freilich weder in der Antike noch im Mittelalter ausgesprochen. Doch verwirkten in Rom nach der Novelle 115 die Eltern den Nachlaß ihrer in Gefangenschaft gestorbenen Kinder, wenn die Eltern deren Loskauf nicht energisch betrieben hatten.[18] Ähnliches findet man um 1250 in den Fueros von Aragón Nr. 236. 3. Hier verwirkten umgekehrt die Kinder das Erbrecht gegen die gefangenen Eltern, wenn sie den Loskauf nicht mit Nachdruck betrieben haben und die Eltern in der Fremde sterben: Aquel iudicio (nämlich Enterbung, seer deseredado) es del fillo o de la filla qui non traye al padre o a la madre de captividat, si lo podiere fer.[19]

Das Gesetz beseitigt auch im Interesse des Loskaufes güterrechtliche Verfügungsbeschränkungen. Nach römischem Recht kann die Ehefrau aus Mitteln ihres Heiratsgutes den gefangenen Gatten, ja auch Angehörige ihrer eigenen Sippe loskaufen.[20] Gleiches gilt in Irland im Mittelalter[21]. Im deutschen Recht des Mittelalters kann man Familienerbe ohne Erbengelob gültig veräußern, wenn das Entgelt dem Loskauf eines Familiengliedes dienen soll. Für Kinder, die ihren Vater loskaufen wollen, entfällt nach französischem Recht die

[16] Ilias 21, 42 (Eëtion, König auf Imbros, der Gastfreund des Lykaon).

[17] E. Kutsch in RGG ³III, Sp. 800 unter „Jobeljahr".

[18] Nov. 115. 4. 7: His casibus etiam cladem captivitatis adiungimus, in qua si liberos detineri, et per parentum contemptum vel neglegentiam non redemtos ab hac luce transire contigerit, nullatenus eorum parentes ad facultates perveniant liberorum, de quibus filii testari potuerant.

[19] Fueros de Aragón, hg. von Gunnar Tilander, Lund 1937. — Dazu E. Wohlhaupter, Das Privatrecht der Fueros von Aragón, ZRG. (GA) 62 (1942), S. 122.

[20] D. 23, 3, 73, 1; D. 24, 3, 20.

[21] Studies in Early Irish Law, by R. Thurneysen u. a., London 1936, daselbst D. A. Binchy, S. 231, Note 2.

Schranke der Minderjährigkeit (Ordonnance de la Marine, Buch 3, Titel 6, Art. XIV).[22] Solche Erleichterungen des Loskaufes also gibt es. Gesetzliche Verpflichtungen an die Adresse der Sippe werden jedoch nirgends ausgesprochen; eher findet sich sogar das Gegenteil, nämlich Verbote und Beschränkungen im Gesamtinteresse. Nürnberg verbietet 1320, einen Gefangenen für mehr als 13 Heller zu lösen — in Höhe des Mehrbetrages ist eine Buße an die Stadt zu zahlen.[23] Solche Beschränkungen lassen aber erkennen, welch elementarer Sippengeist die Regel bildete.

Als Loskäufer tritt die mittelalterliche Familie auch in einem seltsamen Falle auf, der hier im Vorbeigehen erwähnt sei; es ist der Loskauf — hier eher Rückkauf — eigener Kinder; von „Seelchen", italienisch *anime* genannt. Es handelt sich hier um Kinder unter 10 Jahren, die von armen christlichen Eltern aus Not verkauft worden sind.[24] Die Verkäufer waren meist Bewohner der Alpenregion. Abnehmer solcher Kinder fanden sich vor allem in Albanien, Korfu, Dalmatien, aber auch in Trient. Ein Verbot solcher Seelenverkäufe gab es nicht. Immerhin hat Venedig, die Drehscheibe dieser traurigen Geschäfte, 1386 eine Verordnung dahin erlassen, daß der Dienst dieser Kinder nur vier Jahre dauern dürfe, der Rückkaufpreis auf einen Festbetrag von 6 Dukaten begrenzt und der Käufer nicht berechtigt sei, das Kind an einen Dritten weiterzuverkaufen; letzteres, um die Kinder nach Möglichkeit vor ewiger Sklaverei zu bewahren. Eine weitere Verordnung von 1388 hat die Dauer auf 10 Jahre

---

[22] Art. XIV. Pourront aussi les Mineurs par avis de leurs parens contracter semblables obligations pour tirer leur père d'esclavage, sans qu'ils puissent être restituez. — Vorbild ist die Authentica zu Codex 1. 3. 49 (48) Si captivi: (... recte contrahunt, etiamsi minores viginti quinque annis sint ... et captivi, si reversi fuerint, coguntur habere ratum contractum).

[23] Satzungsbücher ... der Reichsstadt Nürnberg (Bearb. von W. Schultheiß, 1965), III Satzungsbuch 203 a: „ez habent auch geboten mein herren der rihter, rat, scheppfen unde genanten, ob dehain unser purger gevangen wirt, daz sich der niht hoher sol losen denne umbe dreizehn haller und daz in anders nieman hoher losen sol. Unde were, daz ieman daz uberfure, der schol als vil geben an die stat, als iener geloset ist hoher, den der burger gesetzet ist."

[24] Schwabenspiegel (L) 357; ferner die Belege bei J. Grimm, Rechtsaltertümer, ⁴II, S. 635. Die Meinung von Schröder-Künssberg, S. 816 f., daß im Mittelalter „vom Verkauf keine Rede mehr sein konnte", ist nicht haltbar. Noch heute werden Kinder, sogar in Europa, verkauft, zwar illegal, aber ziemlich offen. — Hier bestehen viele Schattierungen. Vgl. Otto Uhlig, Der Kindermarkt mit Schwabenkindern aus Tirol und Vorarlberg, 1976 (jährlich erneute Erntehilfe durch Kinder armer Eltern, etwa bis 1914; vorher, 1908, in der amerikanischen Presse als „deutscher Sklavenmarkt" kritisiert).

erhöht.[25] Eine Pflicht der Eltern zum Rückkauf wurde durch die Verordnungen nicht begründet, sie hatten lediglich ein Optionsrecht auf ihre Kinder, dessen Ausübung von ihrer Pietas in gleicher Weise wie von ihrer finanziellen Lage abhing.[26] Nur dieses Optionsrecht wird durch die venezianischen Verordnungen in rechtliche Form gebracht. Sie haben wohl ein römisches Vorbild: In der wirtschaftlichen Not des 4. Jahrhunderts nach Christus kommt ein Verkauf von neugeborenen Kindern in Übung, und er wird von Kaiser Konstantin geduldet, um die Kinder vor der Aussetzung zu bewahren. Der Vater behält aber — wie in Venedig — das Recht, sein Kind durch Geldzahlung auszulösen.[27; 28]

Die Gilde, die Handelsgesellschaft, der Ritterorden

Eine Pflicht zum Loskauf bestand oft innerhalb der mittelalterlichen Gilde zugunsten eines gefangenen Gildebruders. Die nordische Erichsgilde verpflichtet jedes auf Kauffahrt befindliche Mitglied, einen unterwegs gefangen angetroffenen Gildebruder, *congilda,* mit 3 Mark loszukaufen. (Ein Limit, entweder im Interesse des Loskäufers, oder im Interesse einer gesunden Preispolitik gegenüber dem Feinde; im Falle eigener Armut hat der Befreier anscheinend einen Erstattungsanspruch gegen die Gildekasse.)[29; 30]

---

[25] Ch. Verlinden, Orthodoxie et esclavage au moyen-âge. Mélanges Eugène Tisserant, Bd. 5. 2 (1964), S. 453. — V. Lazari, Del traffico e delle condizioni degli schiavi in Venezia nei tempi di mezzo. Miscellanea di Storia Italiana Bd. 1, 1862, S. 488 ff.

[26] Man kann die Lage der verkauften Kinder also rechtlich nicht als befristete Sklaverei bezeichnen, wie es das Jahrhunderte später in der Auswanderungsbewegung nach Amerika gegeben hat. Hier schlossen arme Auswanderer mit dem Unternehmer zur Deckung des Passagegeldes befristete Selbstverkäufe; die Einwanderer konnten — anders als die europäischen *anime* — am Reiseziel weiterverkauft werden, *indentured servants*; dies geschah oft durch Zeitungsinserate unter Angabe der noch abzudienenden Zeit. H. G. Dahms, Gesch. d. Neuen Welt, 1951, S. 213.

[27] M. Kaser, Römisches Privatrecht [9]1976, § 60 I; die Quellen sind Const. Vat. 34; Codex Theodos. 5. 10. 1; Codex 4. 43. 2.

[28] Theo Mayer-Maly, Das Notverkaufsrecht des Hausvaters, ZRG (RG) 75 (1958), S. 116.

[29] Statut der Erichsgilde § 15 (Abdruck bei W. E. Wilda, Gildenwesen im Mittelalter, 1831, Neudruck 1964, S. 124): Quod si congilda confratrem suum in captivitate invenerit, redimat eum tribus marcis, et ipsemet persolvat, si habet; sin autem, reddant pro eo omnes congildae. Quod si noluerit et testimonio convictus fuerit, easdem tres marcas fratribus persolvat.

[30] Das Statut der Erichsgilde zu Kallehave, Art. 12, spricht deutlicher: „Si quis frater captus fuerit et libertatem perdiderit, de omnibus congildis in illo episcopatu existentibus accipiet quod vulgo dicitur scuth, scilicet III denarios.“ Zitiert nach M. Pappenheim, Altdänische Schutzgilden, 1885, S. 481, 483; *scuth* ist Schoß.

Sehr viel lebendiger wird für uns das Bild des Loskaufs im späten Mittelalter und in der frühen Neuzeit. Hier ist auf die jüngst erschienene Arbeit von Elmar Lutz hinzuweisen „Die rechtliche Struktur süddeutscher Handelsgesellschaften zur Zeit der Fugger", insbesondere dort auf den Abschnitt „Der Auslösungsanspruch".[31] Quellen sind hier nicht Gesetze, sondern die Gesellschaftsverträge. In ihnen wurde der Fall des Loskaufes sehr häufig vorweg grundsätzlich geregelt, denn die meist hohen Gewinne der Gesellschafter machten letztere zu bevorzugten Zielen des Menschenraubes (heute „Geiselnahme" genannt). Im Gesellschaftsvertrage wurde daher ein Ausgleich zwischen der Beistandspflicht der Gesellschafter, dem finanziellen Fortbestand der Gesellschaft, dem Einsatz des Kapitalanteils und dem des Privatkapitals des in Not Geratenen angestrebt. Kernpunkt fast aller vertraglichen Loskaufregelungen ist die Beschränkung der Einstandspflicht der Gesellschaft auf einen Höchstbetrag und die Verweisung des in Not Geratenen auf sein nicht gesellschaftlich gebundenes Vermögen für einen etwaigen Mehrbetrag des Lösegeldes. Immer ist es ausdrückliche Voraussetzung der Beistandspflicht, daß der gefangene Gesellschafter in Gesellschaftsgeschäften auf Reisen war und nicht unnötige Risiken eingegangen war. Die Höhe der Beistandspflicht war fast immer für alle Gesellschafter die gleiche, sie stand nicht in Beziehung zur Kapitaleinlage; bei keinem Gesellschafter ging die Auslösungssumme bis zur vollen Höhe der Einlage.

Was für Gilden und Handelsgesellschaften zutrifft, gilt auch für die Ritterorden. Das Statut des brandenburgischen Schwanenordens von 1440 bestimmt in seinem § 15: Wenn ein Mitglied auf der Reise in Ordensangelegenheiten oder während eines Aufenthaltes unterwegs beschädigt, gegriffen oder gefangen wird, sollen ihm der Kurfürst und alle Mitgesellen beistehen und ihn nicht verlassen, bis er wieder frei ist und sein Schaden gebessert ist.[32]

Die Stadt

Den Loskauf betreibt auch die mittelalterliche Stadt zugunsten gefangener Mitbürger; jedoch keinesfalls ausnahmslos. Wann es geschah und wann nicht, ist oft nur schwer zu erkennen. Meines Erachtens ist das aber nicht eine Schwierigkeit der Quellenlage, sondern die Städte hatten gute Gründe, ihre Bereitschaft nicht nach außen in Erscheinung treten zu lassen.

---

[31] Elmar Lutz in: Studien zur Fuggergeschichte Band 25, 1976, hg. von Herrmann Kellenbenz, daselbst S. 382 f.

[32] B. Heydenreich, Ritterorden und rel. Gesellschaften, Würzburg, phil. Dissertation. R. M. von Stillfried-Rattonitz, Der Schwanenorden 1845, S. 11.

Immer war die Stadt zum Loskauf bereit, wenn der Bürger im Dienste der Stadt in Gefangenschaft geraten war: als Ratsherr, als Gesandter[33], insbesondere aber als Krieger.[34] Ein Beispiel aus der Geschichte Frankfurts: In der Niederlage bei Kronberg, 1389, waren 620 Frankfurter Bürger in Gefangenschaft geraten, darunter der Schultheiß und etliche Patrizier. Frankfurt hat zu ihrer Lösung in den folgenden fünf Jahren insgesamt 73 000 Gulden bezahlt.[35] — Nach dem Nürnberger Satzungsbuch wurden sogar Bürger und Söldner — auch ausländische — zum gleichen Betrage von 13 Heller ausgelöst. Voraussetzung war freilich immer, daß die Gefangenen tapfer gefochten hatten und nicht auf unehrenhafte Weise in Gefangenschaft geraten waren. Im Stadtarchiv Frankfurt haben sich bis 1944 beeidigte Bescheinigungen darüber von Mitstreitern erhalten — offenbar Unterlagen der Stadt für die Zahlung von Lösegeldern.[36] In Wismar, wo es anscheinend überhaupt keinen Loskauf durch die Stadt gegeben hat, gestatten die Burspraken um 1400 dem Kriegsgefangenen wenigstens den Selbstloskauf, sofern er tapfer gefochten hatte: qui honore captus fuerit, ille cum suis bonis licite se potest liberare.[37] (Das Erfordernis tapferen Verhaltens liegt nahe und ist sehr alt: nach Livius hat Titus Manlius gegen den staatlichen Loskauf der Gefangenen von Cannae opponiert: wegen Feigheit vor dem Feinde.[38])

Der Krieger also wurde von den mittelalterlichen Städten fast immer losgekauft — und das verdient Beachtung; denn das Lehnswesen hat einen entsprechenden Grundsatz zugunsten des gefangenen Lehnsmannes nicht entwickelt. Keineswegs aber galt der Grundsatz, daß die mittelalterliche Stadt jeden gefangenen Mitbürger loskaufte. Man unterschied Gefangenschaft *binnen orleghe* und *buten orleghe*. (Außerhalb des Orlogs, des Krieges). Für den Bereich der Hanse ist auf die Forschungen von Wilh. Ebel hinzuweisen.[39] Ebel

---

33 Auch das Statut des Schwanenordens regelt die Loskaufpflicht nur für den Fall, daß der gefangene Ritter im Dienste des Ordens gereist war. (Vgl. S. 24).

34 Vgl. unten Texte, S. 111.

35 G. L. Kriegk, Geschichte von Frankfurt a. M. in ausgewählten Darstellungen, 1871, S. 146 f. — Elsbeth Orth, Die Fehden der Reichsstadt Frankfurt a. M., Frankfurter Historische Abh., Bd. 6, 1973, S. 165.

36 G. L. Kriegk, a. a. O., S. 150. Inventare des Frankfurter Stadtarchivs, hg. von H. Grotefend, 1888, Bd. I, Nr. 189 („Ein Band in specie die in ihr [der Schlacht bei Kronberg] gefangenen Frankfurter und ihre Auslösung"). — Vgl. aber Texte, Seite 112.

37 Wismarer Burspraken 1393—1401; zitiert bei W. Ebel, Lübisches Recht I (1971), 406.

38 Livius 22. 60.

39 W. Ebel, Lübisches Recht I 1971, S. 404—406.

kommt freilich nicht zu einer klaren Aussage, daß die Hansestädte die Gefangenen *buten orleghe* entweder immer oder aber niemals losgekauft hätten, und er hat gut daran getan; denn es wäre unmöglich, da das Dunkel nicht in der Quellenlage, sondern in der Sache selbst seinen Grund hat: Gewiß war die Stadt am Loskauf interessiert; aber machte sie ihn zur Regel, so trieb sie die Lösegelder in die Höhe und schuf einen Anreiz, gerade ihre Bürger zu Objekten des Menschenhandels zu machen. Aus diesem Grunde faßt das mittelalterliche Frankfurt a. M. einen Ratsbeschluß, hinfort keine Sammlungen für gefangene Bürger der Stadt zu gestatten (*hie zu bedelen odir stur dazu zu heischen*), und die Begründung lautet: *umb des willin, daz sich ymand daruff verlassin bedorffe und auch umb des willin, daz der stede fiende arme lute nit daruff fahin oder scheczen bedorffen.*[40] Aus dem gleichen Grunde und zur gleichen Zeit verbietet man in Dortmund, daß ein Bürger für einen Gefangenen Bürgschaft leistet, der „draußen" ist[41]: In dem jare ... [1419 Dez 20], do overdrogen dey rait, dey effsaten (Erbsassen) und unse borgere, dat neyn borger noch ynwoner sollen loven vor eynen gevangen man, dey van en buten is. Wey dat dede, dat solde dey rat richten an syme halse.

Auf einen markanten Grundsatz einigen sich Lübeck, Rostock und Wismar 1260[42]:

> Si aliquis burgensis captus fuerit, nullis modis redimi debet, sed mittetur ei cingulus suus et cultellus.

Gürtel und Messer also soll man ihm senden; das kann nur heißen: befrei' dich selbst oder häng' dich auf. Das klingt sehr grimmig. Aber war das vielleicht nur eine Proklamation zum Fenster hinaus? An die Adresse der Menschenräuber? Und wenn nicht, drang man wirklich mit dem rigorosen Grundsatz durch? In der Tat hat Lübeck seiner strengen Regel bald den Zusatz beigefügt:

> dat licht aber in dem rade, wat sie dabi don willen.[43]

In der Einung von 1260 liegt noch ein weiteres Problem: Ist sie nur eine Richtlinie städtischer Praxis, oder enthält sie auch ein Verbot des Loskaufes an den Gefangenen und an die Sippe? Wahrscheinlich auch das; denn andere Stadt-

---

[40] Ratsbeschluß v. 18. 11. 1406. Armin Wolf, Die Gesetze der Stadt Frankfurt a. M. im Mittelalter, 1969, Nr. 118.

[41] F. Frensdorff, Dortmunder Statuten, 1882, III, Stadtbuch Nr. 116, S. 97.

[42] Hanserezesse I 1. 7.

[43] W. Ebel, S. 405.

rechte sprechen das deutlich aus.[44] Das älteste Soester Recht straft den, der sich selbst aus der Gefangenschaft loskauft, mit 10 Mark und 1 Fuder Wein (§ 51). Die Soester Schrae stellt einen solchen Täter wie auch seine Helfer „in des Rates Gnaden" (§ 127). Noch weiter gehen die Statuten von Dortmund: Der eigenmächtige Loskauf ist nicht nur verboten, sondern der Rat schaltet sich ex officio vorbeugend ein: Auf die Nachricht von der Gefangenschaft eines Bürgers stellt er die gesamte Habe des Betroffenen unter Verschluß, solange es ihm gutdünkt. Versucht der Gefangene, sich selber loszukaufen, so verfällt sein Vermögen der Stadt:

> Cum aliquis burgensis noster captivatur, statim cum consules intelligunt eum esse captum, vadunt ad domum suam et accipiunt claves suas et perspectis omnibus suis claudunt omnia et deferunt secum claves et habent illas sub se quamdiu volunt et restituunt illas quando volunt, quia nemini burgensi licet se redimere; si se redimit, omnia bona sua sunt in potestate burgensium.[45]

Was sind die Motive solcher Maßnahmen? Unter anderem liegen sie darin, daß das Mittelalter zwischen der Stadt als solcher und ihren einzelnen Bürgern keinen Unterschied machte, vollends der Außenstehende. Wer nun sich selber loskaufte, machte in seiner Notlage Zusagen, die er später nicht halten konnte; infolgedessen betrachtete der Gläubiger die Sippe, die Kaufmannschaft, ja die ganze Stadt, als Gesamthaftungsverband.[46] Er griff zum „Repressalienarrest" — für unser heutiges Gefühl eine pseudorechtliche Maßnahme, die der Stadt und ihren Bürgern immensen Schaden brachte.[47] Dann war es schon besser, daß die Stadt als solche, und sie allein, den Loskauf betrieb.

---

[44] Eine Parallele bietet die Geschichte Roms: Im Ersten Punischen Krieg soll der Senat den Loskauf gefangener Römer durch deren Familien ebenfalls verboten haben (Appian, Hannibal, Kap. 28).

[45] F. Frensdorff, Dortmunder Statuten, 1882; Lat. Statuten, S. 36.

[46] Dieser Vorstellung sucht das Stadtrecht Kaiser Friedrichs II. für Nürnberg 1219 in Art. 8 entgegenzuwirken: Nullus Nurembergensis sit alicuius gaphant de iure nec unus mercator pro alio (Keutgen, Urk. z. städt. VerfG 1899—1901, Nr. 157, A. 194).

[47] H. Planitz, Die Vermögensvollstreckung im deutschen mittelalterlichen Recht, I, 1912, S. 179. — Es kam vor, daß der Repressalienarrest unter Verbündeten vertraglich wegbedungen wurde; so in einem Vertrag zwischen Herzog Adolf von Cleve und der Stadt Duisburg vom 29. Sept. 1422: wert dat ennig van oiren burgeren misdede in onsen landen, dairomme en sall men nyemand anders antasten van oiren borgheren noch kroiden, dan den hantdedigen, also vort als sie sich des hantdedigen uteren ind nyet sich des onderwynden. — *kroiden* mhd. *kröten, kroten,* belästigen, bedrängen. Abdruck bei Jos. Kohler und E. Liesegang, Das Römische Recht am Niederrhein, 1896—1898, Abschnitt C, Beilagen Heft 2, Nr. 18, S. 129. — Vgl. auch J. Kohler, Beiträge z. Privatrechtsgeschichte III, S. 29.

Unerträglich aber war es, wenn die Stadt den Loskauf verweigerte und zugleich den individuellen Loskauf verbot. Dagegen haben sich 1428 die Bürger von Rostock gewehrt. Sie ringen ihrem Rat das Zugeständnis ab, daß er jeden gefangenen Bürger loskaufen werde, ja sogar unter Verzicht des Rates auf eine Erstattung:

> up der stadt kost, und nicht up sine kost, de dar fangen ist.[48]

Der Vasall

Der Loskauf gehört auch zu den Pflichten des Vasallen gegenüber dem gefangenen Lehnsherren; so wenigstens in Frankreich, im normannischen Recht und in England. Besonders deutlich wird dies ausgesprochen in Kapitel 12 der Magna Charta von 1215: Kein *scutagium* darf von der Krone einseitig erhoben werden — *nisi ad corpus nostrum redimendum.*[49; 50] Der berühmteste Fall ist der Loskauf des Königs Richard Löwenherz 1194. Auch die Konstitutionen von Melfi kennen die Loskaufpflicht zugunsten des gefangenen dominus.[51] Das deutsche Lehnrecht kennt sie angeblich nicht, die gegenteilige Meinung von MITTEIS soll auf einem Mißverständnis des holländischen Sachsenspiegels beruhen. Doch verdient eine deutsche Urkunde vom J. 1279 Beachtung: Die Grafen von Schwerin erlassen den Vasallen des Landes Wittenburg die regelmäßige Bede — hoc tamen excepto, si aliquis nostrum occasione gwerre sive aliter casu inopinato ab hostibus caperetur, quod Dominus avertat, tunc terram nostram petere possumus, ut nobis subveniat in subsidium expensarum (Meckl. UB. II, Nr. 1504).

Ich verweile noch einen Augenblick bei der Magna Charta: an zwei Stellen sogar kennt sie für zwei Fälle einen unbeschränkten Anspruch des Lehnsherren auf die Hilfe der Vasallen: für die Ausstattung der Tochter und den Loskauf des gefangenen Herren. Eben diese beiden Fälle gehören aber auch im alten Rom zu den ausdrücklich genannten Pflichten der Klienten gegen

---

[48] W. EBEL, S. 406.

[49] Magna charta von 1215, Kap. 12: Nullum scutagium vel auxilium ponatur in regno nostro, nisi per commune consilium regni nostri, nisi ad corpus nostrum redimendum.

[50] *scutagium* Schildgeld, ursprünglich eine Kriegssteuer zur Ablösung persönlicher Lehnspflichten.

[51] Konst. v. Melfi III 20: statuimus dominos nonnisi in subscriptis casibus tantum ab hominibus eorum adiutorium petere: videlicet in redimenda persona domini, si forte ab inimicis Nostris servitio captus fuerit, usw. — Die Konstitutionen Friedrichs II. für Sizilien, hg. von Hermann CONRAD, Thea von der LIECK-BUYKEN u. Wolfgang WAGNER, 1973, S. 272.

den Patron.[52] Kontinuität? Modell? Konvergenz? Zufall? Wir können die interessante Frage hier nicht weiter verfolgen.[53]

Die Kirche

Die größten Loskauf-Leistungen hat die mittelalterliche Kirche vollbracht. Der Apostel Paulus stellt den Opfertod Jesu in vielen seiner Briefe als Loskauf dar. Das Mittelalter hat die Apostelworte im Sinne der *imitatio Christi* als wörtliche Verpflichtungen aufgefaßt[54]. Dies um so mehr, weil sogar ein Wort des Heilands dazu aufforderte: In Matthäus 25 malt Jesus das Weltgericht. Er selbst wird dort zu den Gerechten sprechen: „Ich bin gefangen gewesen und ihr seid zu mir gekommen". Dann werden die Gerechten sagen: „Wann haben wir dich gefangen gesehen und sind zu dir gekommen"? Und der König wird sagen: „Was ihr getan habt einem unter diesen meinen geringsten Brüdern, das habt ihr mir getan."[55]

Ein solches Heilandswort hatte für die mittelalterliche Christenheit unmittelbare Geltung. Bereits Lactantius (um 300) preist den Loskauf als Christenpflicht. Gelasius, Papst um 500, ermahnt die Bischöfe, ein Drittel der Kircheneinkünfte für Loskäufe aufzuwenden. Im Wunderglauben des Mittelalters gehen die Heiligen mit Losbitte, Loskauf und Lösungswundern voran.[56] Der Bischof Ambrosius von Mailand hat sogar die heiligen Gefäße seiner Kirche veräußert, um Gefangene loszukaufen; sein Vorbild wurde Vorschrift, indem es im Decretum Gratiani Aufnahme fand.[57; 58]

---

[52] Näheres bei A. v. Premerstein in Pauly = Wissowa Realencyklopädie IV 1, Sp. 40, Clientes. — Die Quellen sind Livius V, 32. 8; derselbe XXXVIII, 60. 9; ferner Dionysius von Halikarnaß XIII, 5.

[53] Über Bildung von „Klientelen" im fränkischen Reich vgl. F. L. Ganshof, Qu'est-ce que la féodalité? ³1957, Seite 1. Dazu die Besprechung von H. Mitteis in ZRG (GA) 66 (1948), 573. Mitteis daselbst S. 575: „Die auf römischem Boden siedelnden Germanenstämme übernahmen von der ausgehenden Antike einen *wilden Feudalismus.*"

[54] Römer 5—8; 1.Kor. 6. 20.

[55] Matthäus 25. 36.

[56] František Graus, Die Gewalt bei den Anfängen des Feudalismus und die „Gefangenenbefreiungen" der merowingischen Hagiographie, Jb. f. Wirtschaftsgesch. 1, 1961, S. 61—156.

[57] Decretum Gratiani, Dist. 86 c 14 und 18. Ebenso Causa 12 q 2 cap 70, wiederum ein Ambrosiuszitat: in his tribus generibus vasa ecclesiae etiam initiata confringere, conflare, vendere licet. — Ebenda — gleichfalls ein Zitat aus Ambrosius — wird die *redemptio captivorum* bezeichnet als *ornatus ecclesiarum* — der wahre Schmuck der Kirchen.

[58] Auch nach geltendem kanonischem Recht darf Kirchengut veräußert werden,

Der Loskaufeifer konnte freilich auch über das Ziel hinausschießen; das lehrt eine Anfrage des Bischofs von Palermo bei Papst Alexander III. und dessen Erwiderung v. J. 1179.[59] Der Bischof hatte eine „Sklavenkasse" angelegt und angefragt, ob der für den Loskauf aus sarazenischer Sklaverei gesammelte Fond verzinslich angelegt werden dürfe. Die Antwort lautete mit Hinweis auf das biblische Zinsverbot (3. Mose 25. 36; 5. Mose 23. 20) verneinend:

> Super eo quod a nobis tua discretio postulavit, utrum possit in recipienda pecunia ad usuram, fieri dispensatio, ut pauperes qui in Sarracenorum captivitate tenentur, per eandem possint pecuniam liberari, praesentibus tibi litteris duximus respondendum, quod, cum usurarum crimen utriusque testamenti pagina detestetur, super hoc dispensationem aliquam non vidimus admittendam. quia cum scriptura sacra prohibeat vel pro alterius vita mentiri, multo magis prohibendum est, ne quis in redimenda vita captivi usurarum crimine involvatur.

Den größten Umfang hat der Loskauf bei zwei bedeutenden Orden des Mittelalters erreicht: den Trinitariern und den Mercedariern. Sie betrieben den Loskauf aus der Hand der Sarazenen. Ihr Motiv war eigentlich nicht humanitär, sondern christlich: Denn der Christ als Sklave der Sarazenen stand dauernd in der Versuchung des Glaubensabfalls. Es waltete also noch nicht die moderne Humanität, der Gedanke der Menschenwürde, die Verabscheuung der Sklaverei. Sklaverei als solche hatte der Christ vielmehr als Fügung Gottes zu ertragen — selbst in der Hand eines üblen Herren. Petrus hatte gelehrt *servi, subditi estote in omni timore dominis, non tantum bonis et modestis sed etiam discolis* (den Galligen).[60] Auf dem Wege dieser ursprünglichen Lehre ist das Christentum weitergeschritten. Ignatius von Antiochia (um das Jahr 100) wendet sich gegen das Verlangen christlicher Sklaven, auf Gemeindekosten freigekauft zu werden.[61] Ambrosius lehrt, daß die Sklaverei dem Menschen vor Gott nichts nehme und die Freiheit nichts gebe („nec servitus derogat nec libertas adiuvat"). Augustinus versagt es den Sklaven sogar, sich gegen ihr Joch auf das Hall- oder Jubeljahr des Alten Testamentes zu berufen[62]:

---

wenn vorliegt iusta causa, idest urgens necessitas vel evidens utilitas ecclesiae v e l p i e t a s (can. 1530, § 1, Nr. 2). Zu *pietas* nennt U. Stutz als Beispiel den Loskauf Gefangener (Geist des Codex iuris canonici (= Kirchenrechtl. Abhandlungen Heft 92, 93), 1918, S. 224).

[59] Abdruck bei J. D. Mansi, Sacrorum Conciliorum nova et amplissima Series Bd. 22, Sp. 343. Dasselbe in X 5. 19. 4. — Den Hinweis auf die Pars decisa bei Mansi verdanke ich meinem Schüler Maximilian Herberger.

[60] 1. Petrus 2. 18; ebenso 1. Timotheus 6. 1 und 2.

[61] ad Polycarpium 4. 3; ebenso Synodus Illiberiana can. 5.

[62] Hept 2. 77.

Quae de servo Hebraeo praecipiuntur, ut sex annos serviat, et sexto dimittatur liber gratis — ne servi Christiani hoc flagitent a dominis suis, apostolica auctoritas iubet servos dominis suis esse subditos[63], ne nomen Dei et doctrina blasphemetur.[64, 65]

Nach christlich-kirchlicher Auffassung war also nicht die Sklaverei an sich das Motiv des Loskaufes, sondern Sklaverei im Dienst eines Ungläubigen. Das zeigt sich nach Eintritt der Glaubensspaltung im 16. Jahrhundert deutlich darin, daß die Loskauforden evangelische und hugenottische Sklaven nur loskaufen, wenn sie sich zuvor zum katholischen Glauben bekehren.[66]

Die Anfänge des geistlichen Loskaufwesens liegen bei den Ritterorden. Alle Ritterorden haben ihn geübt, auch der Deutsche Orden. Eine besondere Bedeutung aber hat der Loskauf in der kriegerischen Auseinandersetzung der spanischen Reconquista gespielt, also auf der Iberischen Halbinsel und im Verhältnis zu den Barbareskenstaaten des nordwestlichen Afrika. Dieser Dauerkrieg ist teilweise zu wechselseitigen Kommandounternehmen entartet, gerichtet vor allem auf die Gefangennahme prominenter Gegner, um mit diesen ein hohes Lösegeld zu erhandeln („Razzia", von arabisch *ghāzija* Streifzug eines Stammes gegen den anderen).[67] Wegen der kriegerischen Lage in Spanien stehen im Loskauf die spanischen Ritterorden anfangs an hervorragender Stelle.

Bald aber wurden die Ritterorden durch geistliche Orden überflügelt, vor allem durch die schon erwähnten Orden der Mercedarier und der Trinitarier. Die Mercedarier wurden 1218 von den Heiligen Petrus Nolascus (de Nolasco) und Raimund von Peñaforte gegründet; letzterer hat ihre Konstitutionen verfaßt. Gregor IX. bestätigte dem Verband 1235 die Augustinerregel mit dem zusätzlichen Gelübde zur Befreiung christlicher Sklaven. Der Orden war anfangs ein Ritterorden, seit 1318 aber ein geistlicher Orden (*Ordo Beatae Mariae Virginis de mercede redemptionis captivorum*). In dem zusätzlichen Gelübde fand sich der Satz „Ich will auch in der Gewalt der Sarazenen als

---

63 Eph. 6. 5; 1. Petrus 2. 18.

64 ne nomen usw.: wörtlich 1. Timotheus 6. 1.

65 Kritisch zu der hier vertretenen Meinung: G. Kehnscherper, Die Stellung der Bibel und der alten christlichen Kirche zur Sklaverei, Halle/S. 1957.

66 Vgl. auch unten S. 32, 103.

67 Solche Erschließung von Finanzquellen war keine spanisch-sarazenische Spezialität. Gegen Nichtchristen schien alles erlaubt. Als Heinrich VII. auf seinem Romzug Pisa berührte, setzte der König — Dantes Alto Arrigo — dort wohlhabende Juden gefangen und entließ sie nur gegen hohe Lösegelder, *pour acort* (Davidson, Gesch. von Florenz, III (1912), S. 467, IV (1927), S. 104. Quelle ist das Einnahmeverzeichnis der königlichen Kammer, MG. Const. IV 2, S. 1153, Nr. 1152).

Pfand bleiben, wenn dies zur Erlösung der Gläubigen notwendig sein sollte".[68] „Notwendigkeit" lag vor, wenn nach Erschöpfung der mitgeführten Geldsumme auch nur ein einziger Gefangener angetroffen wurde, für dessen Glaubenstreue man fürchten mußte, falls er noch länger in der Hand der Ungläubigen verbliebe: eine Sorge, die vor allem jugendliche Gefangene betraf. Der Ordensmeister Lorenz Company († 1479) hat in Erfüllung dieses Gelöbnisses 16 Jahre in den Kerkern von Tunis gelegen. Die Zahl der von diesem Orden Losgekauften schätzt man auf 70 000; dies im Laufe von 500 Jahren.[69; 70] Einen Preis des Gründers Petrus Nolascus hat noch im 17. Jh. J. B. BOSSUET verfaßt, der kirchliche Ratgeber Ludwigs XIV. Nolascus soll Weihnachten 1256 gestorben sein, während er mit seinen Brüdern den 110. Psalm betete: *Redemptionem misit populo suo* (Vers 9).

Ähnlich große Leistungen wie die Mercedarier hat der Orden der Trinitarier vollbracht, *Ordo SS. Trinitatis redemptionis captivorum.* Er wurde von den Heiligen Johannes von Matha (gestorben 1213) und Felix von Valois (gestorben 1212) gegründet.[71] Johannes von Matha schuf die Ordensregel, die 1198 von Papst Innozenz III. bestätigt wurde. Das Mutterhaus des Ordens war Cerfroy in Frankreich (*Cervus frigidus*). Im Chordienst hielt man sich an die Gewohnheiten der Augustinerchorherrn von St. Viktor in Paris. Von Frankreich her verbreitete sich der Orden schnell nach Spanien, Portugal, Italien, Polen und Österreich, besonders nach Wien, wo die Brüder Weißspanier genannt wurden; später auch nach Nord- und Südamerika. Reichen Aufschluß über die Loskauftätigkeit dieses Ordens verleiht das Werk des Trinitarierpaters Antoninus ab Assumptione mit dem Titel Ministrorum Generalium Ordinis SS. Trinitatis Series (Isola del Liri 1936). Dieses Werk verzeichnet die Loskaufleistungen der einzelnen Ordensoberen; vor allem aber enthält es im

---

[68] Im November 1976 haben sich bei einer verbrecherischen „Geiselnahme" in Marl bei Recklinghausen zur Lösung der Opfer zwei Polizeibeamte freiwillig als Austauschgeiseln in die Hand der Täter gegeben (Frankfurter Allgem. Zeitung 1976, Nr. 266).

[69] M. HEIMBUCHER, Die Orden und Kongregationen der katholischen Kirche 1933 (Neudr. 1965), Bd. 1, S. 571 f. M. ESCOBAR. Ordini e Congregazioni religiose I 1953, S. 439 ff. Der Orden besteht noch heute, doch wurden ihm 1936 der ritterliche Charakter und die Verleihung entsprechender Zeichen abgesprochen (AAS 28 [1936], 306 f.). Die Generalkurie befindet sich in S. Adriano in Rom.

[70] Das Annuario Pontificio nennt als Zweck des noch heute wirkenden Ordens: Preservazione e difesa della fede nei perseguitati per la medesima; apostolato carcerario, parrocchiale ed educativo; missioni (Annuario Pontificio 1972, S. 1117).

[71] Vgl. die Abbildung Nr. 1, Rundmosaik am ehemaligen Hospital der Trinitarier auf dem Monte Celio in Rom.

Anhang wertvolle Quellen über die „Redemptiones Generales" dieses Ordens (S. 232 f.). Ich zitiere daraus eine deutsche Schrift:

> Ausführliche Verzeichnuss aller gefangenen Christen, welche aus denen, unter churf. Bayrischer Bottmässigkeit stehenden Ländern entsprossen, nachdem sie durch widriges Schicksal ihre Freyheit verlohren, von der Oesterreicherischen Provintz, Ordens der Allerheyligsten Dreyfaltigkeit, von Erlösung gefangener Christen, seit dem Jahre 1692 bis auf das Jahr 1747 von unerträglicher barbarischer Dienstbarkeit bey den Türcken erlöset worden; wobey auch das für ihre Befreyung angewandte Lös-Geld, wie solches in allen bishero an das Tag-Licht gestellten Catalogis, und gedruckten Urkunden bemercket worden, zu finden. — Wien, bey Ioh. Thomas Trattner, 1749, 4⁰.

Der Orden der Trinitarier soll insgesamt sogar 900 000 Gefangene losgekauft haben.[72; 73] Beide Orden, obwohl von Adeligen gegründet, waren späterhin mit voller Absicht nicht Ritterorden, damit nämlich die Sarazenen sie nicht als Kriegführende Partei ansahen. Beide Orden hatten auch das Privileg, Bärte tragen zu dürfen, damit sie nicht die Empfindlichkeit ihrer sarazenischen Kontrahenten erregten. Dazu kamen weitere Vergünstigungen, meist von seiten der weltlichen Obrigkeit: starb ein Untertan ohne Testament, so fiel in Aragonien 1/5 des Nachlasses an die Mercedarier, ja schließlich sogar 1/5 des testamentarisch verfügten Nachlasses; man könnte das als eine zweckgebundene Erbschaftsteuer bezeichnen. Ebenso verfiel den Mercedariern in manchen Ländern herrenloses Gut und verfallenes Pfand. Die genannten Orden erfreuten sich auch folgender Privilegien: Freiheit von öffentlichen Ämtern, von Vormundschaften, von Mauer- und Brückenbau, von Küstenwache, vom Transport Gefangener. Trieben sie ein Gewerbe, so durften ihnen keine Arbeiter entzogen werden. Endlich ein Stück altes Spanien: Freiheit von der Pflicht, bei Prozessionen schwere Gegenstände zu tragen.

Mit beiden Orden waren Bruderschaften verbunden, von denen die Orden Geldopfer und andere Zuwendungen erhielten (sie entsprachen etwa modernen Stifterverbänden oder Fördererkreisen). Ein genaues Bild davon zeichnet ein Buch von Angelo ROMANO[74]: Prominente Persönlichkeiten werden durch einen

---

[72] HEIMBUCHER I, S. 448 ff. ESCOBAR I, S. 131 ff. Der Orden besteht noch heute, seine Generalkurie befindet sich in Rom bei der Kirche *della SS. Trinità e di S. Carlo Borromeo* an der Piazza *S. Carlo alle Quattro Fontane*. Dort auch das Ordensarchiv.

[73] Der Zweck des Ordens ist heute: Apostolato redentivo-sociale fra i cristiani che per le loro circonstanze sociali speciali sono in maggiore pericolo di perdere la loro fede; il culto speciale alla Ssma Trinità; missioni (Annuario Pontificio 1972, S. 1116).

[74] Angelo ROMANO, Le affiliazioni dell'Ordine Trinitario. Appunti Storici. Isola del Liri 1947.

Verbrüderungsbrief des *Minister Generalis* oder *Provincialis* ernannt; der Verfasser teilt als Beispiel den Brief für den Kardinal Ludovisi vom 26. Okt. 1662 mit (S. 249). Die Fratres erhalten ein Diplom und ein Skapulier (S. 234). Die Wohltäter genießen die oben genannten Privilegien des Ordens; die Könige von Portugal haben diese Privilegien laufend gesammelt und bestätigt (S. 128). — Die Verbrüderung kann sich auf die ganze Familie nebst der Nachkommenschaft erstrecken, so unter Leopold I. von Österreich 1697: *totam Augustissimam Domum Stirpemque Suam ad id consilium suscipiendum permovit* (S. 250). Das Archiv der Trinitarierkirche S. Carlo alle Quattro Fontane in Rom bewahrt einen *Liber in quo inscribuntur confratres et consorores ab anno 1665*, in Wahrheit viele Bände (S. 249); desgleichen hat sich eine Matrikel der italienischen verbrüderten Fratres Ordinis SS. Trinitatis 1772—1794 erhalten: Adlige großer Familien, darunter der Principe di Lampedusa di Palermo und der Marchese Fogliani, Vizekönig über Sizilien (S. 247).

Die genannten Orden widmeten sich nicht nur dem Loskauf; in ihren zahlreichen Hospitälern trieben sie auch soziale Fürsorge und Krankenpflege. Dieser karitative Pflichtenkreis hing eng mit dem Loskauf zusammen. Denn gerade Alte und Kranke konnten mit wenig Geld losgekauft werden — menschliche Wracks, denen eben deshalb mit dem Loskauf allein nicht geholfen war. Langjährige Sklaverei hatte oft auch die verwandtschaftlichen Bindungen zerstört, oder die Gelösten ließen sich auch sonst nicht mehr sozial einordnen. Ohne diese Liebestätigkeit an den losgekauften Kranken, Einsamen und Asozialen hätte der Loskauf großer Mengen von Sklaven das soziale Elend in den heimatlichen Provinzen vergrößert und damit das hohe Werk des Loskaufes selbst in Mißkredit gebracht.

Neben den zwei genannten Orden sei noch ein dritter, erst später entstandener Loskauforden genannt, die „Militia Christi". Sie wurde von dem ungarischen General Graf Michael Adolf Althan gegründet (Gründungsbulle von 1623). In das Wirken des Gründers und seines Ordens gibt das Vatikanische Archiv lebendigen Einblick: Der Gründer berichtet an die Kurie, daß sein Sohn mit türkischem Einverständnis nach Jerusalem aufbrechen werde, um dort christliche Gefangene loszukaufen. Graf Althan erbittet von der Kurie ein Empfehlungsschreiben — *breve pastorale esortativo* — an alle Bischöfe und geistlichen Personen, damit sie seinem Sohne bei dem Loskaufunternehmen Unterstützung gewähren. Der Prälat Ingoli empfiehlt von seiten der Congregatio de Propaganda Fide die Unterstützung des Anliegens, jedoch mit Einschränkung bezüglich der Glaubensverbreitung, welche diesem Orden nicht zustehe. Darauf ergeht ein Breve vom 30. August 1634: Pro personis ab eo ad diversa loca missis pro redimendis captivis e manibus infidelium commendatitium ordinariis locorum, ut illas quibuscumque poterunt officiis iuvent.[75]

Die beiden wichtigsten Loskauforden, die Trinitarier und die Mercedarier, haben noch bis in den Vorabend der französischen Revolution für den Loskauf gewirkt. Selbst ein VOLTAIRE hat ihnen seine Hochachtung nicht versagt.[76] Und auch František GRAUS, gewiß keiner verklärenden Auffassung des Mittelalters verdächtig, erklärt es für „höchst ungerecht, das große Werk der Gefangenenfürsorge und des Loskaufes von Gefangenen durch Bischöfe und Priester schmälern zu wollen".[77]

Trinitarier und Mercedarier wirkten unentgeltlich, *pro mercede*, d. h. *pro mercede Christi*, „um Gottes Lohn". Sie erhoben also keine Erstattungsansprüche, sondern sie begnügten sich mit Dankopfern. Solche Opfer flossen reichlich, dank ihrer geschickten Öffentlichkeitsarbeit. Sie veranstalteten regelrechte Loskaufkampagnen, *redemptiones generales* genannt. Über jede Kampagne wurde ein notarielles Protokoll aufgenommen, worin über den Geldeinsatz vor aller Öffentlichkeit Rechenschaft abgelegt wurde (Schiffscharter, Hafengebühren, Ehrengeschenke an den Dhey, Zölle, Loskaufgelder). Auch die Namen der Gelösten erschienen in diesen Protokollen (jeweils etwa 300). Seit dem 17. Jahrhundert wurden derartige Protokolle und Listen gedruckt verbreitet; man findet solche Listen u. a. in der Biblioteca Vaticana.[78] Diese Listen dienten der heute sogenannten „Transparenz". Die Orden wußten, wie sehr die

---

[75] Arch. Vat. Sec. Brev. 814, fol. 80—83. Weiteres Archivmaterial zum Loskauf von den Türken und Graf Althan: Arch. Vat. Nunz. Germ. 773; Bibl. Vat., Vat. lat. 8479 f. 42 ss.; Arch. Prop. Fid. SOCG 333 f. 226 ss. Ich verdanke diese Hinweise der Freundlichkeit von Frau Rotraud BECKER.

[76] VOLTAIRE, Essay sur les moeurs III, 247.

[77] Fr. GRAUS, Die Gewalt usw., Jahrbuch für Wirtschaftsgeschichte, Berlin-Ost 1961, Teil I, 61; insbes. 92.

[78] Cod. Vat. Chighianus IV, 2207. Miscellanea Tomus 46: Ein Sammelband mit kleinen Druckschriften verschiedenen Inhalts, darin mehrere Hefte mit Loskauflisten und beigegebenem Expeditionsbericht; insbes. Nr. 8 und 13 mit *redemptiones generales* der Jahre 1660 und 1662. — Nr. 8 unter dem Leitwort Psalm 76 Vers 16 *Redemisti in bracchio tuo populum tuum.* Das Vorwort ist von Papst Alexander VII. Dieser Loskauf befreit 286 Gefangene aus Algier: 13 Ordensleute, 44 Kinder, 20 Frauen und 209 Männer, in dieser Reihenfolge. Einige Gelöste müssen wegen Krankheit zurückbleiben („*restò infermo doppo di essere riscattato*"). — Heft Nr. 13 enthält die Loskaufliste der Mercedarier von 1660 über eine *redemptio generalis* mit 372 Gelösten; Nr. 1—9 *Sacerdoti*, 10—28, *donne*, 29—50 Kinder, 51—372 Männer. — In manchen Listen findet sich auch — besonders ergreifend — eine Rubrik über Ort und Umstände der Gefangennahme: „en la playa Romana". „Pasando a Ceuta." „En el estrecho de Gibraltar." „En corso." „Pescando." „En su propria casa."

Gebefreundigkeit steigt, wenn die Spender wissen, daß ihre Gaben bis zum letzten Pfennig effektiven Einsatz finden. Gegen Ende des 18. Jahrhunderts haben beide Loskauforden neben dem althergebrachten Loskauf in zunehmendem Maße auch den Freikauf in einer Art von Kommissionsgeschäft betrieben: Die Angehörigen stellten dem Orden vor dem Loskauf[79] die erforderlichen Geldmittel zur Verfügung, dieser führte den Loskauf unter Einsatz seiner Sachkunde, Erfahrung und völkerrechtlichen Sonderstellung zum guten Ende.

Die Loskauforden mußten auf Publizität bedacht sein, deshalb veranstalteten sie mit den Befreiten öffentliche Dankprozessionen, in denen die Befreiten in Sklavenkleidern, mit langen Bärten und in Ketten einherschritten, die Heimaterde küßten und schließlich die Ketten in der Ordenskirche aufhängten. Während der Prozession trugen sie Palmzweige in den Händen: ein Hinweis auf die Erlösten des Herrn in der Offenbarung Johannis 7. 9 sowie auf 7. 14 „Diese sind's, die gekommen sind aus großer Trübsal". — Solche Prozessionen haben auch im 18. Jahrhundert noch stattgefunden, als kein Gefangener in Algier mehr Sklavenkleider oder Ketten trug. Man hat das später belächelt, doch hat hier wirklich der Zweck das Mittel geheiligt; auch folgte man alter, einst lebendiger Tradition, und schließlich klang in Kleidung, Palmen und Ketten ein wenig älteres Symboldenken nach (Abb. 5).

Der Staat

Auch der Staat hat den Loskauf seiner Landeskinder betrieben. Im Mittelalter steht er dabei vor den gleichen Problemen wie Familie, Kirche und Stadt, und weitgehend bedient er sich für den Loskauf der gleichen Mittel. Aber besonders zur Neuzeit hin ändert sich das Bild. Die Änderung hängt mit dem Wandel der Vorstellung vom Kriege zusammen, ja mit dem Übergang von der Fehde zum Krieg. Die Fehde sollte nicht nur die militärische Kraft des Gegners treffen, sondern auch die zivile Bevölkerung. Auch diese führte man daher in die Gefangenschaft, um Lösegeld zu erlangen. Noch Hugo Grotius nimmt dieses Mittel für den Fall der rechten Fehde und des gerechten Krieges als gegebene Tatsache hin. Und doch ist diese Denkweise schon zu seiner Lebenszeit im Verblassen.[80] Bereits in der Mitte des Dreißigjährigen Krieges tritt hier ein Wandel ein, und es hat nicht den Anschein, daß Aufklärung und Philanthropie allein

[79] Vor dem Loskauf; den Orden war eine Klage auf Erstattung von Loskaufgeldern verwehrt.

[80] Bahnbrechend für diese Erkenntnis war E. Nys, Les Origines du droit international, Bruxelles 1898, insbes. S. 236—251.

diese allmähliche Wende herbeigeführt hätten. Eher ist wohl anzunehmen, daß das Selbstverständnis der Fürsten, daneben auch das Ethos des Offiziers, seine Vorstellung vom Waffenhandwerk, die geistige Ursache des Wandels ist. Mittel des Krieges wird immer ausschließlicher die Vernichtung des feindlichen Heeres. Man kämpft nicht gegen Frauen und Kinder.[81] Man nimmt sie auch nicht mehr gefangen, um Lösegeld zu gewinnen. Es gilt jetzt, auch allgemein, als unfair, einen Gefangenen zu mißhandeln, um ein hohes Lösegeld zu erlangen. Das Zeitalter der Kabinettskriege bricht an. Der Krieg ist jetzt Staatsangelegenheit. Der Fürst legt Wert darauf, daß seine Untertanen womöglich auch im Kriege ihren friedlichen Beschäftigungen nachgehen können, und die Kriegführenden verbürgen sich darin die Gegenseitigkeit. Man unterscheidet jetzt genau zwischen Kombattanten und Nichtkombattanten. (Das bedeutet freilich keineswegs, daß für die Zivilbevölkerung der Krieg nicht existierte. Es traf die Bevölkerung in großer Härte die sogenannte Kontribution, die der Feind vor allem für seine Heere im Winterquartier, oft aber auch weit darüber hinaus verlangte.)[82]

Auch das Gefangenenrecht unter Kombattanten tritt nun in eine neue Phase. Der Gefangene ist nicht mehr Gefangener einer Einzelperson, sondern eindeutig Staatsgefangener. Einen späten, aber urkundlichen Beleg dafür bilden die amerikanischen Kriegsartikel von 1863 in ihrem Art. 74: aucune rançon ne peut être payée pour un prisonnier du guerre, soit à celui, qui l'a capturé, soit au commandant des troupes, car la liberté personnelle ne peut faire l'objet licite d'une convention privée.

Mit dem Wegfall persönlicher Ranzionierung verschwinden freilich die Lösegelder als staatliche Institution noch nicht. Aber seit dem 17. Jahrhundert werden sie durch sogenannte Kartellverträge mit dem Gegner im voraus festgesetzt, und zwar gestaffelt nach dem Rang der Offiziere oder Soldaten. Die Gelder für Kavalleristen sind höher als für Infanteristen. Zahler des Lösegeldes ist die Kriegskasse, nicht mehr der individuelle Gefangene. In einem Ranzionierungsvertrag zwischen Österreich und Schweden von 1642 wird das Loskaufgeld wie folgt bestimmt: Ein Feldmarschall 20 000 Taler, ein Oberst 1000, ein Hauptmann der Kavallerie 200, ein solcher der Infanterie 150; 16 bzw. 6 Taler

---

[81] Ein frühes Verbot dieser Art — ausgenommen Kinder von Adligen — findet sich bereits im 14. Jh. in England. M. Bernhard, The Growth of Laws and Usages of War, London 1856, S. 99.

[82] Statt vieler Belege: A. Sieben, Der Kontributionszug des französischen Generals Marquis de Feuquière durch Franken und Schwaben im Herbst 1688, Zeitschr. f. Gesch. des Oberrheins N. F. 54 (1941), S. 108—191.

für einen Unteroffizier, 8 Taler für einen Gemeinen. Dieser Vertrag ist das Vorbild eines weiteren Vertrages zwischen Schweden und Dänemark von 1650 geworden. Ein Vertrag von 1651 zwischen Spanien und den Niederlanden staffelt die Lösegelder nach der Höhe des Soldes; der gemeine Soldat wird ranzioniert nach seinem Sold für einen Monat, die höheren Ränge nach einem Vielfachen des Loskaufgeldes eines Gemeinen. Ranzionierungskartelle dieses Typus reichen bis in das 18. Jahrhundert.[83]

Ein weiterer Schritt ist schließlich der Wegfall jeder Ranzionierung. An ihre Stelle tritt der Gefangenenaustausch: Dienstgrad gegen Dienstgrad. Eine Ausnahme im Sinne des älteren Rechts gilt nur noch dann, wenn die Zahl der Gefangenen bei den Kriegführenden ungleich ist; für diesen Fall bestimmt z.B. das *Cartel von Grotkau* zwischen Friedrich II. von Preußen und „der Königin von Ungarn" vom 9. Juli 1741 in seinem Art. IV:

> Im Fall, und da auf einer Seiten mehr Gefangene, als auf der anderen, zu finden, wird die Übermaß mit dem Gelde ranzioniret, und solche sogleich baar bezahlet. Zu welchem Ende die Chargen und Characters von beyden Armées hierunter specificiret, auch jeder Charge das verglichene Ranzionirungs-Quantum beygemercket wird.

In Artikel V folgt sodann eine ausführliche Bewertung der einzelnen „Chargen und Charakters" in Gulden oder Köpfen; ein Kopf entsprach 5 Gulden, ein Generalfeldmarschall 3000 Köpfen oder der entsprechenden Anzahl Gulden.

Alle diese Wandlungen, vielschichtig in ihren Ursachen, langsam und von Rückfällen begleitet, vollziehen sich nur im internen Bereich von Europa. Im Verhältnis zur Türkei und zu den Barbareskenstaaten lebt hingegen das Mittelalter fort. Es bleibt hier beim Dauerkrieg zur See und zu Lande, letzterer an der „Militärgrenze" Österreich-Ungarns. Es bleibt hier auch bei der Einbeziehung der Zivilbevölkerung und ihrer Gefangennahme mit anschließender Forderung von Lösegeldern (vom Standpunkt Europas jetzt „Menschenraub"). Der neuzeitliche Staat mußte bei seinen Bemühungen um den Loskauf eigener Untertanen dieser unterschiedlichen Auffassung Rechnung tragen. Auch der mittelalterliche Staat hatte den Loskauf betrieben. Aber der neuzeitliche Staat erstrebte Gesamtregelungen im Wege von völkerrechtlichen Verträgen, mit dem Ziele der Beseitigung der Versklavung und des Zwanges zu Lösung gegen Entgelt. Wie auch sonst häufig neues objektives Recht zunächst auf dem Wege vertraglicher Vereinbarung entsteht, haben auch hier die europäischen Staaten

[83] Fritz Redlich, De Praeda Militari. Looting and Booty 1500—1815. Wiesbaden 1956, S. 35 f.; dort die näheren Belege.

(und Amerika) jeder für sich Verträge mit der Pforte und den Staaten des Maghreb geschlossen. Es entsteht ein Netz von Verträgen. Einen Einblick gibt der Recueil von Martens, der freilich erst 1760 beginnt.[84] Das bunte Bild, das sich hier entfaltet, gestattet die Unterscheidung eines alten und eines jüngeren Vertragstypus'[85]: Im älteren ist noch der mittelalterliche Loskauf vorgesehen. Ein Beispiel dafür bietet der Friedens- und Handelsvertrag zwischen Spanien und der Hohen Pforte vom 14. September 1782 in seinem Art. 14[86]: „Die Sklaven des einen und des anderen Teiles, welche sich in den Staaten Seiner Königlichen Majestät und der Ottomanischen Pforte befinden, sollen ausgewechselt und mit einer Summe losgekauft werden, welche die dafür ernannten Commissaires gebilligt haben. Während der Zeit aber, bis sie losgekauft sind, sollen beide Teile dafür sorgen, daß sie von ihren Herren menschlich und liebreich behandelt werden (spanisch *con humanidad y caridad*)." Der altgewohnte Loskauf findet sich auch in Art. 12 eines Vertrages zwischen Schweden und dem Dey von Algier vom Jahre 1729, erneuert 1792[87]: „Les sujets de S. M. Suédoise ne seront pas forcés d'acheter quelques esclaves, quand même il serait leur parent ou lié avec eux. Mais en cas qu'ils le désireraient ils devront s'arranger avec le maître de l'esclave à l'égard du prix. Les maîtres des esclaves ne seront aussi pas forcés de rendre quelqu'un contre leur gré, mais cela se fera par accord et consentement mutuel."

Demgegenüber spricht ein modernerer Vertragstypus nicht mehr vom Loskauf, sondern von Freilassung und Austausch. So z. B. in einem Friedensvertrag zwischen Rußland und der Pforte vom 29. 12. 1791 / 9. 1. 1792.[88] Hier vermag offenbar das siegreiche Rußland seine Interessen und Rechtsauffassungen durchzusetzen. In Art. 6 wird von der Pforte versprochen, falls russische Untertanen gefangen werden oder in der Türkei in die Sklaverei geraten, diese zu befreien und ihnen ihre Güter zurückzugeben. Art. 8 sieht vor, daß beide Seiten ihre Kriegsgefangenen ohne Lösegeld und Ranzion losgeben. Ebenso sollen Christen, die in Sklaverei geraten sind, ohne Lösegeld freigelassen werden.

Wie hier das siegreiche Rußland, vermag sich in einem Vertrag vom 30. 9. 1800 das siegreiche Frankreich gegenüber Algier durchzusetzen (Art. 5)[89]: „Les fran-

---

[84] G. F. MARTENS, Recueil des traités d'alliance, de paix, de trève des puissances et états de l'Europe. Tome 1—8: 1761—1808, Göttingen [2]1817—1835.

[85] Ich verdanke diese Beobachtung einem Hinweis von Ulrich SCHEUNER.

[86] MARTENS, Bd. 2, S. 219.

[87] MARTENS, Bd. 6, S. 297.

[88] MARTENS, Bd. 5, S. 70.

[89] MARTENS, Bd. 7, S. 391.

çais ne peuvent être retenus à Algier comme esclaves sous quelque prétexte que ce soit.“

In vielen Verträgen des jüngeren Typus sichert ein Barbareskenstaat dem anderen Teil zu, daß die im Sklavenhandel bei ihm eintreffenden Untertanen (etwa auf Schiffen von Piraten oder von Dritten) dort freizulassen sind oder ipso iure frei werden, so Dänemark—Marokko 1767[90], Spanien—Tripolis 1784 Art. 8[91], Vereinigte Staaten—Marokko 1787 Art. 6.[92]

Alle diese Verträge sind aber Flugsand gewesen. Sie wurden geschlossen und bald widerrufen oder gebrochen, und dann durch neue Verträge ersetzt.[93] Es blieb zur See wie an der Militärgrenze Südosteuropas auch weiterhin „Mittelalter“. Auch Strafexpeditionen brachten keine Abhilfe. Der Staat blieb auf den Loskauf angewiesen, den er bisweilen großzügig ausübte. Hin und wieder, an der Militärgrenze, übte er den Austausch, manchmal, gemeinsam mit befreundeten Staaten, in einer Art Ringtausch. Manche Staaten machten es den Kapitänen ihrer Handelsschiffe zur Pflicht, sich und ihr Schiffsvolk bei einer Versicherungsgesellschaft gegen Sklaverei zu versichern.[94]

Für den modernen absoluten Staat ist es endlich kennzeichnend, daß er — im Gegensatz zum christlichen Mittelalter — den Loskauf auf seine eigenen Landeskinder beschränkte.[95] Vor allem Frankreich und Spanien drängten darauf, daß die in ihren Territorien befindlichen Niederlassungen der Trinitarier und Mercedarier sich nur mit dem Loskauf von Gefangenen ihrer Nation und ihres Glaubens befaßten. Im Zeitalter der Hugenottenkämpfe gestattete der französische Marineminister den Loskauf hugenottischer Gefangener allein für den Fall, daß diese zum Katholizismus übertraten.[96]

---

[90] Martens, Bd. 6, S. 62.

[91] Martens, Bd. 2, S. 531.

[92] Martens, Bd. 3, S. 54.

[93] England hat allein mit Marokko von 1681—1761 sieben Friedensverträge geschlossen: 1681, 1714, 1721, 1728, 1734, 1750, 1761. Fr. Hermann, Über die Seeräuber im Mittelmeer, Lübeck 1815, S. 128—132.

[94] Vgl. unten S. 71.

[95] Eine wenig beachtete Parallele zum staatlichen Loskauf versklavter Landeskinder ist derjenige von eigenen Landeskindern aus fremdem Militärdienst. Hierüber gab es zwischenstaatliche Verträge, Kartelle genannt; das Lösegeld hieß daher Kartellgeld. Vgl. RWB. Kartellgeld.

[96] E. J. Göbel, Herrenrecht und Sklavenpeitsche, 1971, S. 191 f.; G. Bonet-Maury, France, Christianisme et civilisation, Paris 1907. — Vgl. oben S. 31.

Während die europäischen Staaten noch im 18. Jh. gewaltige Anstrengungen unternahmen, die moslemischen Übergriffe einzudämmen und die in Sklaverei geratenen Landeskinder loszukaufen, hat sich daneben unbekümmert eine Literaturgattung entfaltet, welche Traumbilder von großherzigen Moslems zeichnete. Zeugnis davon geben die damals beliebten Türkenstücke. Nach einer Londoner Operette *The captive* von 1769 hat C. F. Bretzner ein Werkchen verfaßt, auf dem das von G. Stephanie geschaffene Libretto zu Mozarts „Entführung aus dem Serail" beruht (1781): Der edle Moslem Selim Bassa übt Großmut, indem er seine christlichen Gefangenen gnädig in die Heimat entläßt. Edle Moslems agieren auch in Lessings Nathan dem Weisen (1779). Voltaire verfaßt einen Mahomet (1741), den er sogar Papst Benedikt XIV. dedizieren darf, er erhält dafür den Apostolischen Segen. Die Wurzeln sind überall in Aufklärung, Weltbürgertum, Philanthropie und Freimaurerei zu suchen. Wir können das hier nicht näher verfolgen. Uns liegt vielmehr daran, den Gegensatz zwischen der Türkenideologie des 18. Jh.s und der rauhen politischen Wirklichkeit jenes Zeitalters anzudeuten. Schon damals hat es politische Ideologie gegeben, die sich vor den Tatsachen verschloß.

Das Lösegeld

Das Lösegeld bestimmte der Gewalthaber. Dieser Satz scheint außerhalb der Sphäre des Rechts zu liegen; doch gilt das nicht für den Fall der Kriegsgefangenschaft. Nach älterem Kriegsrecht hat der Sieger ein Recht, den Besiegten zu töten. Begnügt er sich mit einem Lösegeld, so bleibt er auch mit einem solchen von extremer Höhe noch hinter seiner Tötungsbefugnis zurück. Das gilt vor allem für die Lösegeldforderungen der Sarazenen, wenn man sie aus deren Blickwinkel betrachtet. Nach deren Selbstverständnis lagen sie mit den Christen in einem vom Propheten befohlenen Dauerkrieg, es gab für sie allenfalls Waffenstillstände. Nach allgemeinem mittelalterlichen Recht — auch innerhalb der christlichen Welt — war dieser Krieg nicht auf „Kombattanten" beschränkt. MACHIAVELLI berichtet in einem Brief aus dem Jahr 1512 über die Einnahme der italienischen Stadt Prato durch die Spanier: „Die näheren Umstände erzähle ich nicht, um E. H. den Schmerz zu ersparen. Genug, es verloren über 4000 Menschen das Leben; die übrigen wurden gefangen und auf verschiedene Weise gezwungen, sich loszukaufen."[1] Das Loskaufrecht, im Kriegsfalle ausgeübt, ist ein Stück des älteren Kriegsrechtes.[1a]

Praktisch richtete sich die Höhe des Lösegeldes nach der Zahlungsbereitschaft des Loskäufers und nach der Qualität des Gefangenen. Unter Rittern war ein Lösegeld üblich, das der Höhe des Jahreseinkommens des Gefangenen aus seinem Vermögen entsprach.[2] Für prominente Gefangene galten gewaltige Summen: Richard Löwenherz 150 000 Mark, Johannes II. von Frankreich 3 Millionen écus d'or; Franz I. von Frankreich bietet Karl V. als Gefangener 3 Millionen Goldtaler, die dieser aber zurückweist. Für Graf Ulrich von Würt-

---

[1] N. MACHIAVELLI, Ges. Schriften, München 1925, S. 333 f.

[1a] Hugo GROTIUS De iure belli ac pacis, Buch III, Kap. 7, § VI, Nr. 9: Mansit tamen etiam inter Christianos mos captos custodiendi donec persolutum sit pretium, cuius aestimatio in arbitrio est victoris, nisi certi aliquid convenerit. Ius autem hoc captos servandi solet concedi singulis qui ceperint, extra personas eximiae dignitatis: in has enim reipublicae aut eius capiti ius dant plerumque gentium mores.

[2] R. WARD, An inquiry into the Law of Nations usw., London 1795, Bd. 2, S. 165 f.

temberg, der in der Schlacht von Seckenheim in die Hand des Pfalzgrafen Friedrich fiel, betrug das Lösegeld 100 000 Florini; die Aufbringung dieser Summe machte eine Steuer notwendig „so merklich und groß, der glych in disen Landen nit mer gehort ist worden".[3]

Bei der Bezifferung des Lösegeldes für prominente Gefangene galt ein Feilschen anscheinend nicht nur als nutzlos, sondern auch als stillos; galt es gar als ehrenvoll, hoch eingeschätzt zu werden? Ein Indiz dafür gibt eine Episode in der Chronik des Ritters Jean de Joinville über den Kreuzzug König Ludwigs IX., des Heiligen, von Frankreich (1249): Der König ist in die Gefangenschaft des Sultans geraten. Er sagt dem Sultan 500 000 livres für die Lösung seiner Krieger und für seine eigene Person die Übergabe der Stadt Damiette zu, „da er fand, daß es sich nicht gehöre, daß er um Münzen stritte". Als dies der Sultan erfährt, äußert er: „Bei meinem Glauben, dieser Franke ist großherzig, wenn er um eine so hohe Summe nicht handelt. Gehet hin und sagt ihm, daß ich ihm 100 000 livres zur Zahlung des Lösegeldes [für seine Krieger] gebe."[4] — Erklären sich aus der geschilderten Haltung die regelmäßig runden Summen der Lösegelder für Prominente?[5]

Der Dichter Cervantes, der 1575 in algerische Gefangenschaft geriet, wurde wegen eines bei ihm gefundenen Empfehlungsschreibens an den König von Spanien fälschlich für prominent gehalten und mußte wegen einer entsprechend hohen Lösegeldforderung lange und schwere Haft erdulden. Schließlich brachte seine Familie 300 Dukaten auf. Der Dey jedoch, immer noch in dem Glauben an die Prominenz des Cervantes, verlangte 1000 Goldtaler. Ein Trinitarier erreichte endlich durch seine Bitten die Freilassung gegen die mitgeführten 300 Dukaten.

Die Höhe des Lösegeldes wurde auch durch die Menge der Gefangenen bestimmt, z. B. nach einer Schlacht oder nach der Eroberung einer Stadt. Wenn plötzlich Hunderte oder Tausende in die Hand des Siegers fielen, hatte dieser oft keine Gelegenheit, die Gefangenen bis zur Auslösung zu ernähren oder am

---

[3] W. Grube, Der Stuttgarter Landtag 1457, 1957, S. 28.

[4] Villehardouin and De Joinville, Memoirs of the Crusades, hg. von Sir Frank Marzials, London 1957, S. 220. — Französ. Originaltext in: Jean, Sire de Joinville, Histoire de Saint Louis ... Texte original, hg. von Natalis de Wailly, Paris 1874. Dieser Text war mir nicht zugänglich.

[5] Die Summe von 500 000 livres hatte in der Forderung des Sultans auf eine Million Gold-Besanz (Goldbyzantiner?) gelautet. Auch hier also eine runde Summe.

eigenen Sklavenmarkt mit Gewinn zu verkaufen (er machte dann meist von seinem Siegerrecht Gebrauch, die Gefangenen zu töten[6]).

Einfaches Volk wird in normalen Zeiten geschätzt nach Alter, Beruf, Gesundheit[7] und Geschlecht.[8] Frauen bringen mehr als Männer, Facharbeiter mehr als Ungelernte; letztere enden oft auf der Galeere. War der Gefangene bereits weiterverkauft worden, so begehrte der Gewalthaber als Lösegeld natürlich mindestens das, was er selbst hatte aufwenden müssen. Weiterverkäufe kamen häufig vor. Ein Beispiel bildet in Europa Richard Löwenherz; der erste Gewalthaber, Herzog Leopold von Österreich, gab den König an Kaiser Heinrich VI. für 50 000 M heraus (er selber baute davon die Stadtmauer von Wien), Heinrich VI. seinerseits verlangte ein Lösegeld von 150 000 M (er finanzierte damit seinen Zug nach Sizilien). Fast wäre es zu einer nochmaligen Weitergabe des Gefangenen gekommen, nämlich an den König von Frankreich. Sie unterblieb, weil inzwischen aus England das Lösegeld eintraf (einer der seltenen Fälle, in dem der Phantasiepreis für prominente Gefangene wirklich in voller Höhe bezahlt worden ist).[9] — Ein Weiterverkauf widerfuhr auch der Jungfrau von Orleans. Am 23. Mai 1430 war sie als Kriegsgefangene in die Hand des Bastards von Vandomme, des Leutnants eines burgundischen Heerführers geraten; dieser übergab sie gegen einen „Fanggulden" dem Herzog von Luxemburg; dieser wieder überlieferte sie an den König von England, seinen Obersten Kriegsherren, gegen die Summe von 10 000 Livres; die gewaltige Summe wurde aufgebracht durch die Stände der Normandie.[10] (Der französische Hof hatte keine Schritte zur Auslösung der Jungfrau unternommen.)

Bei kleinen Leuten lief der Weiterverkauf über den Sklavenmarkt. Dank ihm (wenn man so sagen darf) haben sich die Preise gelegentlich etwas einge-

---

[6] So bereits in der Antike. Eutropius, Breviarium ab Urbe condita III 11: „Hannibal veranlaßte die Römer, daß sie ihre Gefangenen loskaufen sollten, doch der Senat antwortete, man bedürfe solcher Bürger nicht, die, obgleich bewaffnet, doch hätten gefangen werden können. Er (Hannibal) ließ nun alle Gefangenen durch verschiedene Arten der Hinrichtung töten und schickte 3 Scheffel voll goldener Ringe nach Karthago, die er von den Händen römischer Ritter, Senatoren und Soldaten hatte abziehen lassen." (216 v. Chr.)

[7] Besonders peinvoll prüften die Käufer auf dem Sklavenmarkt die Gesundheit der Zähne.

[8] Das spätrömische Recht hat für einen Sonderfall — De communi servo manumisso — eine verbindliche Preistaxe aufgestellt, gestaffelt nach Alter, niederen und höheren Berufen, Künstlern — n i c h t aber nach dem Geschlecht: C. 7. 7. 5.

[9] G. Bullinger, König Richard Löwenherz und Kaiser Heinrich VI, Tübinger phil. Dissertation 1947 (masch.).

[10] K. Hase, Die Jungfrau von Orleans [2]1861, S. 49 f.

pendelt: Im 14. Jahrhundert werden auf dem algerischen Sklavenmarkt durchschnittlich 50 Gulden pro Sklave bezahlt (ein Arbeitspferd kostete 6 Gulden, ein Sklave hatte also den Wert von etwa 8 Pferden).

Natürlich versuchten Staat und Stadt, die Lösegelder preispolitisch zu regeln. Wir sprachen schon davon: Das „*laisser aller*“ trieb die Preise in die Höhe und erweckte das Interesse am Menschenraub: Der „Nulltarif“ wiederum drosselte den Loskauf. In dieser Lage hat das kanonische Recht schon früh einen Mittelweg beschritten: Juden sind stets verpflichtet, Christensklaven auf ein christliches Angebot von 12 solidi herauszugeben; so das Konzil von Macon, der Lex Burgundionum und vor allem das Decretum Gratiani.[11] Nürnberg versucht es für jede Art von Loskauf, ohne Rücksicht auf Stellung, Alter und Geschlecht, mit einem Festpreis von 13 Hellern; zahlt die Sippe etwa mehr, so wird eine Buße in Höhe des Mehrbetrages verwirkt. Der gleiche Festpreis findet sich (unter Nürnberger Einfluß?) im Stadtrecht der Prager Altstadt, bestätigt im Jahre 1319.[12]

Den Bemühungen der zahlenden Seite standen erfolgreichere auf der Seite der Gewalthaber gegenüber. Sie verschärften die Haft, wenn das Angebot zu gering war oder ausblieb. Kurfürst Friedrich von der Pfalz spannte nach der Schlacht von Seckenheim seine erlauchten Gefangenen in den Stock und ließ sie hungern. Ein eleganteres Mittel haben die Türken im 15. Jh. gefunden; 1475 hatten sie vier adlige Deutsche gefangen genommen, deren Loskaufsummen sie wie folgt bestimmten: Georg Schenk 4000 Dukaten, Ludwig Kozjaker und Georg von Himmelbach je 2000, Wilhelm Gall 1000 Dukaten, dieses aber unter Auflegung solidarischer Haftung aller Vier; es konnte sich also nicht jeder einzeln lösen, sondern nur alle vier oder keiner. Die Lösung aller für 9000 Dukaten kam durch Vermittlung der Stadt Dubrovnik zustande.[13] War dies ein Einzelfall oder ein häufig geübter Brauch?

---

[11] Decretum Gratiani Dist. 54. 18: Praesenti concilio Deo auctore sancimus, ut nullum Christianum mancipium Iudaeo deinceps serviat; sed datis pro quolibet bono mancipio duodecim solidis ipsum mancipium quicumque Christianus seu ad ingenuitatem seu ad servitium licentiam habeat redimendi. — Vgl. auch X. 6. 1.

[12] Wilh. Weizsäcker, Die Altstadt Prag und das Nürnberger Recht, ZRG (GA) 60 (1940), S. 117, 139.

[13] Sergij Vilfan, Die wirtschaftliche Auswirkung der Türkenkriege aus der Sicht der Ranzionierungen, der Steuern und der Preisbewegung. Die Vorträge des 1. Internat. Grazer Symposions zur Wirtschaftsgesch. Südosteuropas, 5.—10. Okt. 1970. Grazer Forschungen Band 1, S. 177, insbes. 183 f. — Der wertvolle Vortrag ist aus Quellenwerken, vor allem aber aus Archiven erarbeitet.

Jeder Loskauf setzte Barmittel voraus. Meist fehlte es daran, und der Versilberung von Vermögenswerten standen Verfangenschaften im Wege. Diese traten jedoch in Notfällen zurück. Das römische Recht gestattete es einer Ehefrau, ihr Heiratsgut anzugreifen, um den Gatten, ja auch um eigene Verwandte loszukaufen.[14] In Deutschland galt wohl das gleiche, denn verfangenes Gut kann im Falle der Not auch ohne Zustimmung der Anerben veräußert werden. Sachsenspiegel 2.7 nennt unter den Fällen „echter" Not an erster Stelle: *venknisse.* Auch die französische Ordonnance de la Marine von 1681 gestattet der Ehefrau für den Loskauf ihres Mannes die Verfügung über ihre dos.[15]

Ein Gefangener konnte sich auch lösen, indem er seine Kinder verkaufte und entweder den Erlös als Preis hingab, oder gar die Kinder selbst. Den Verkauf der Kinder im Fall der Not bezeugen Lex Burgundionum 1. 10. und Schwabenspiegel [L] 357. In vielen Fällen mag das als bloße vorläufige Maßnahme gedacht gewesen sein; oder: der wirkliche Verkauf war getarnt — als Geiselschaft. Wie aber, wenn die Auslösung mißlang oder gar nicht betrieben wurde? Ein verfallener Geisel verfiel der Sklaverei. Hier hat im Spätmittelalter der Fuero von Cuenca (um 1200) regelnd eingegriffen.[16] Jede Vergeiselung von Kindern bedurfte der Genehmigung des Rates: Töchter waren von der Vergeiselung völlig ausgeschlossen (sie wären in die Harems der Großen geraten). Löste ein Vater den vergeiselten Sohn nicht binnen 2 Jahren wieder aus, so verkaufte der Rat den Vater selbst in die Sklaverei, um mit dem Erlös den verfallenen Geisel loszukaufen. Ähnliches kennen die Konstitutionen von Melfi (3. 86).[17] Diese talionsähnlichen Vorschriften haben ein frühes Vorbild im Recht der Langobarden, nämlich in den Konstitutionen des Fürsten Aregis, um 774.

---

[14] D. 24. 3. 20.

[15] Ordonnance de la Marine von 1681, Buch III, Titel 6.

[16] Fuero von Cuenca, 1189—1201, Abdruck bei Ch. VERLINDEN, L'Esclavage I, S. 573: De parente qui obsidem filium suum pro se miserit. Quicumque filium suum pro se obsidem miserit, qui vulgo dicitur refena, in terra Saracenorum, et ad tres annos eum non redemerit, iudex et alcaldes capiant eum cum omni substancia sua et mittant eum in loco suo (an seiner Stelle!) in terra Sarracenorum, ut extrahant filium a captione. Propter hoc mandamus quod quicumque filium suum impignoraverit sine precepto concilii, vel obsidem miserit nisi predicta condicione, morte anaciati moriatur (eines Verräters). filiam utique neque pro refena (Geisel) neque pro impignoratione decet impignorari; et si quis eam impignoraverit, comburatur.

[17] Konst. von Melfi 3. 86. De venditione liberi hominis. Rex Rogerius. Qui sciens liberum hominem vendiderit, hac poena teneatur, ut ex bonis suis, si possibile est, venditus redimatur. Ipse vero maleficus curiae servus fiat, bonorum suorum residuo publicato. Quod si non poterit redimi, pro servo tradatur parentibus venditi, bonis suis curiae addictis. Quocumque autem casu venditus redeat, maleficus curiae servus fiat, filiis etiam post hunc casum nascentibus curiae subiectis perpetuae servituti.

Hier wird die Maßnahme mit der *auctoritas divinae legis* motiviert, d. h. Offenbarung 13. 10: „Si quis in captivitatem duxerit, in captivitatem vadat.“[18]

Neben das Lösegeld traten häufig Kompensationen anderer Art, besonders bei der Auslösung hoher Herren: vor allem territoriale Kompensationen. Als Ludwig der Heilige am 5. April 1250 mit seinen Brüdern Alfons und Karl in türkische Gefangenschaft fiel, bestand das Lösungsentgelt vor allem in der Abtretung von Damiette. Als Waldemar II. von Dänemark 1223 in die Gefangenschaft Heinrichs von Schwerin und damit Kaiser Friedrichs II. geriet, sollte die Freilassung gegen Hergabe des ganzen nordelbischen Reichsgebietes erfolgen, das der Kaiser selber wenige Jahre vorher an Waldemar abgetreten hatte.[19] — Ein ergreifendes Beispiel bietet das Schicksal Ferdinands, des Infanten von Portugal, des „Standhaften Prinzen“. Ferdinand war 1437 nach einer unglücklichen Schlacht den Mauren als Geisel belassen worden und dann verfallen; die Mauren wollten ihn nur gegen Preisgabe des afrikanischen Brückenkopfes Ceuta freigeben. Die Forderung war für Portugal unerfüllbar, so blieb der Infant bis an sein Lebensende in harter Sklavenschaft.[20]; [21] Sein Schicksal hat Calderon als Dichter behandelt.

Eine andere häufige Kompensation liegt auf dem Gebiet der Heiratspolitik: Der prominente Gefangene soll sich zu einer bestimmten Heirat verpflichten, so Richard Löwenherz und Franz I. von Frankreich. Löwenherz sollte eine Nichte Herzog Leopolds von Österreich heiraten, Franz I. sollte die ältere Schwester Karls V., die Königinwitwe Eleonore von Portugal ehelichen.[22]

Ein Loskauf — nicht gegen Geld und fast ein Scherz — ist der des hübschen Ritters Wolfgang von Pohlheim, des Jugendfreundes Maximilians I. In der Schlacht von Guinegate war er in die Gefangenschaft König Ludwigs von Frankreich geraten (7. 8. 1479). Für ihn verlangte der König von Frankreich ein Dutzend niederländische Rassehunde.[23] So gewinnt der Ritter die Freiheit.

---

[18] Kapitularien des Aregis Nr. 13. F. Beyerle (Hg.), Die Gesetze der Langobarden, 1947, S. 390.

[19] B. Gebhardt, Handbuch der Deutschen Geschichte [8]1954 (Neudruck 1959), S. 354, 357. MG Const. 2n. 98, 101.

[20] Vgl. Exkurs Nr. 3, Seite 84.

[21] In den Kapitulationsverhandlungen zwischen König Ludwig dem Heiligen und dem Sultan (1250) fordert letzterer als Lösegeld die Herausgabe der Burgen, welche zum Tempel und zum Hospital gehörten. Die Antwort: dies sei unmöglich, weil die Burgkommandanten auf die Reliquien geschworen hätten, niemals ihre Burgen für den Loskauf Gefangener preiszugeben (Chronik des Sire Jean de Joinville, a. a. O., S. 218).

[22] Vgl. Exkurs Nr. 4, Seite 88.

[23] H. Wiesflecker, Kaiser Maximilian I, 1962, S. 148, 157.

Eine Sonderform des Loskaufes finden wir in Spanien und Portugal. Zur Zeit der Reconquista gab es hier ebensoviele Mauren in spanischer Hand wie umgekehrt. Daher kaufte oft eine spanische Familie einen maurischen Sklaven bei dessen spanischem Gewalthaber und tauschte ihn gegen ihren eigenen Sippengenossen in maurischer Haft.[24] Dieses Verfahren hat Papst Innozenz III. bereits 1199 dem König von Marokko vorgeschlagen. Ein Stück Völkerrechtsgeschichte: „et christianis expedit et paganis". Es hat sich bewährt.[25; 26]

Eine häufige Nebenverpflichtung des Losgekauften ist der Gelöbniseid oder das Ehrenwort, künftig nicht mehr gegen den Gewalthaber zu kämpfen — so besonders im Falle der Kriegsgefangenschaft[27] — oder an ihm keine Rache zu nehmen. Hier nähert sich die Verpflichtung dem Urfehdeeid.

Gegenstand eines Loskaufes konnte nicht nur ein lebendiger Gefangener sein, sondern auch sein Leichnam. Schon die Ilias kennt neben dem Loskauf Gefangener den Loskauf eines Erschlagenen aus der Hand des Siegers. Priamos löst den erschlagenen Hektor, seinen Sohn, aus der Hand des Achill, und ersichtlich folgt die Schilderung dieses Herganges genau den Regeln des Loskaufes von Lebenden. (Il. 24. 142 f.). Gefallenen wurden in der Antike gewöhnlich die Rüstung ausgezogen, so ließ man sie liegen. Anders jedoch in Il. 24. 142 f.: Entgegen dem Kriegsbrauch hat der zürnende Achill den erschlagenen Hektor nicht auf dem Schlachtfelde liegengelassen, sondern die Leiche in seinen Besitz genommen. Er verhindert so die Beerdigung, die ein Akt der religiösen und familiären *pietas* war, ja er schändet den Leichnam, indem er ihn Tag für Tag um das Grab des Patroklos schleift. Ein außerordentliches Verhalten des Siegers macht also ein außerordentliches Handeln des Priamos notwendig: den Loskauf eines Erschlagenen. Aber dieses untypische Handeln kleidet der Dichter aus nach der Typik des Loskaufes Lebendiger.

---

[24] Die Christen gingen genauso wie die Mohammedaner auf Kaperfahrt zum Zweck des Menschenraubes und Lösegelderwerbes. Fr. GABRIELI (Hg.), Die Kreuzzüge in arabischer Sicht. Dokumente dtv 1975, 123 (Autobiographie des Usama).

[25] Angelo ROMANO, S. 6, Note 1.

[26] Die Stellung eines Ersatzsklaven ist schon dem römischen Recht bekannt, D 24. 3. 20.

[27] Ein Beispiel bietet der Eid des hugenottischen Soldatenführers François de La Noue, der 1580 in die Hände der Spanier gefallen war; ihm wurde der Eid abgefordert, nie wieder in Flandern, Spanien oder Burgund zu kämpfen. 1588 wird La Noue sodann auf englische Initiative im Laufe neuer Loskaufverhandlungen von diesem Eide losgekauft! — Lawrence STONE, An Elizabethan: Sir Horatio Palavicino, Oxford 1956, daselbst, S. 203 f.

Der moderne Jurist mag in dieser Gleichsetzung ein Übermaß „dichterischer Freiheit“ sehen, denn heute ist streitig, ob ein Leichnam überhaupt Gegenstand des Rechtsverkehrs sein kann. Aber neues und älteres Rechtsdenken liegen hier in Wahrheit nicht weit auseinander; denn ein Leichnam ist heute nur aus Gründen der Pietät dem Rechtsverkehr entzogen.[28] Gerade die *pietas* aber ist es, die den von der Ilias geschilderten Loskauf des toten Hektor motiviert. Der Dichter folgt also der Wahrheit, wenn er den Loskauf des 24. Gesanges der Typik des Loskaufes lebendiger Gefangener folgen läßt. Mit Recht betont G. Micknat aus der Perspektive des Historikers, daß zwischen dem Loskauf eines Lebenden und dem des gefallenen Hektor kein Unterschied besteht.[29] Wir betrachten im folgenden den 24. Gesang der Ilias — Ἕκτορος λύτρα — als ein Urbild des Loskaufes, das dennoch in höchster Genauigkeit auf uns gekommen ist.

Priamos trauert im Kreise der verbliebenen Söhne. Doch göttlicher Eingebung folgend beschließt er, persönlich ins feindliche Lager zu fahren, zu Achilles, um den Leib des Sohnes zu lösen.[30] Die Söhne rüsten das Maultiergespann. Als Lösegeld werden viele Kostbarkeiten aufgeladen — alle Gegenstände in der Menge von 12: Teppiche, Schlafhüllen, Gewänder, Mäntel; ferner 10 Talente Goldes, 4 schimmernde Becken und 2 Dreifuß-Kessel; besonders wird genannt ein köstlicher Becher, ein Geschenk an Priamos, das er einstmals in Thrakien als Gesandter empfangen hatte. Mit diesen Schätzen durchfährt der König bei Nacht das feindliche Lager. Achilles — auch er auf göttliche Eingebung — läßt gegenüber dem flehenden König von seinem Zorn und nimmt den Bittsteller gnädig an. Die μῆνις, der Zorn des Achill, von dem die Ilias handelt, ist jetzt gebrochen. Achill gibt dem König den Leichnam Hektors heraus. Die adelige Gesinnung des Achill schließt jedoch keinesfalls die Annahme des Lösegeldes aus; doch will Achill dem Patroklos einen gebührenden Anteil weihen, auch läßt er dem Priamos reiche Gewänder des Löseschatzes als Hülle für Hektors Leib.

Auch Mittelalter und frühe Neuzeit kennen den Loskauf Erschlagener. Portugal hat den Infanten Ferdinand, der 1443 in Fez in der Geiselhaft ver-

[28] K. Larenz, Allgemeiner Teil des deutschen Bürgerlichen Rechts, 1967, S. 287.

[29] G. Micknat, Studien zur Kriegsgefangenschaft und Sklaverei in der griechischen Geschichte I: Homer, 1954.

[30] Auf die Bedeutung des 24. Gesanges im gesamten Zusammenhang der Ilias — die Lösung des Zornes Achilles’ — kann hier nicht eingegangen werden. Vgl. dazu K. Deichgräber, Der letzte Gesang der Ilias, 1972. Was wir für unseren Zweck dem Gesang entnehmen, ist eigentlich dichterisches Detail. Aber Homer ist auch in Nebensachen genau und wahr. Deshalb ist es auch methodisch zulässig, die Epen des Homer für die Erkenntnis frühzeitlicher Rechtszustände heranzuziehen.

starb und dessen Leiche ebenso wie die des Hektor geschändet worden war, 1471 losgekauft und in die Heimat geführt.[31] — Ein anderes Beispiel bietet die Schlacht von Pavia (1525), wo die Blüte des französischen Adels erschlagen worden war. Diener, Knappen und Vertraute der Toten feilschten nun mit den Söldnern um ihre Herren, deren Leichnam sie nach Hause, ins heimische Erbbegräbnis, bringen wollten. Händler zahlten auf Kredit eines hohen Hauses oder übernahmen die Bürgschaft. Die erzielten Preise sind überliefert. Waren sie nicht hoch genug, so warf ein zorniger Söldner „seine Leiche" lieber in den Ticino und ging davon.[32]

---

[31] Exkurs 3, Seite 84, 85.

[32] Max Jähns, Die Schlacht von Pavia, Gesammelte Aufsätze, 1903.

Der Gläubiger des Lösegeldes

Wer ist Gläubiger des Lösegeldanspruches? Diese Frage mag für den Loskäufer gelegentlich wichtig gewesen sein, wollte er nicht Gefahr laufen, mit einem falschen Partner zu verhandeln. Überwiegend aber ist unsere Frage ein Internum auf seiten des Siegers. Sie ist ein Ausschnitt aus dem Gesamtkomplex des Beuterechts. In Frage kommt seit alters her einerseits der Staat bzw. der Feldherr, anderseits aber auch der Krieger, welcher den Gefangenen eingebracht hat; ging der Staat oder der Feldherr über das Beuterecht des Kriegers hinweg, so erzeugte er bei diesem Mißstimmung und Desinteresse.

In Rom erwarb der plündernde Soldat im Prinzip originäres Eigentum. Das Plünderungs- und Beuterecht des einzelnen war aber im Interesse der militärischen Disziplin starken Einschränkungen unterworfen; Ablieferung der Beute, die dann später verteilt wurde, war deshalb die Regel.[1]

Immer aber ist es Kriegsbrauch gewesen, daß prominente Gefangene — auch weibliche — zur Verfügung des Feldherrn standen. Beispiele bieten in der Ilias Chryseïs, die Gefangene und Gefährtin des Agamemnon, und Briseïs, die Gefangene und Gefährtin des Achill.[2] Welchem Zweck solche weiblichen Gefangenen dienten, ist deutlich. Es ist aber „auch“ an den Loskauf zu denken. Zu diesem Zweck erscheint der Apollopriester Chryses vor Agamemnon um seiner Tochter Chryseïs willen — mit sich führend unermeßliche Lösegelder, ἀπερεῖσι ἄποινα.[3] Dem harten Recht des Siegers steht gegenüber die Großmut Alexanders, welcher nach seinem Sieg bei Issus die Mutter, die Gemahlin und die Kinder des Darius schont.[4] Seit der Renaissance ist das ein beliebtes Motiv in der Malerei. Auf dem Fresko „Die Großmut des Alexander“ von G. B. Tiepolo in der Villa Cordellina bei Vicenza hat das Gefolge der königlichen Frauen zu deren Füßen wertvolle Gefäße und Schalen aufgestellt — „unermeßliches Lösegeld“, dessen es jedoch vor der Großmut des Siegers nicht bedarf.

---

[1] K. H. Ziegler, Das Völkerrecht der römischen Republik, in: Aufstieg u. Niedergang der Antiken Welt I, 2 (1972), S. 68 f. Derselbe in HRG I, Sp. 398 f. unter Beute.

[2] Ilias 1. 11 f.; ferner Il. 1. 84 und öfter. Diese weiblichen Gefangenen werden bei Homer als γέρας, Ehrengabe an die Führer, bezeichnet.

[3] Il. 1. 13: λυσόμενός τε θύγατρα φέρων τ' ἀπερείσι' ἄποινα.

[4] Curtius Rufus 3, 7—12; Plutarch, Alexander, 19—21.

Die oben erwähnte Spannung zwischen Staatsinteresse und individuellem Beuterecht beherrscht auch das Mittelalter. Prominente Gefangene stehen dem Feldherren, dem Staate zu, dem individuellen Krieger aber, der den Gefangenen einbrachte, gebührt der „Fanggulden".[5] In der Schlacht von Pavia (1525) gerät der besiegte König Franz von Frankreich dadurch in Lebensgefahr, daß die Landsknechte ihn umdrängen, um den Fanggulden zu verdienen. In der Neuzeit tritt das Recht des Staates immer weiter in den Vordergrund, und das Recht des individuellen Siegers verblaßt. Einen Ausgleich zwischen Herren- und Söldnerinteresse bieten die Reichstage zu Frankfurt 1427 und zu Nürnberg 1431 auf folgender Grundlage an: das Lösegeld sollte den auf eigene Kosten und Verpflegung ausgezogenen Söldnern persönlich zustehen, bei den von einem Herren ausgerüsteten und unterhaltenen Kriegern jedoch dem Herren zufallen.[6] In vielen Fällen sucht der in seinen Rechten geschmälerte Soldat sich dadurch zu helfen, daß er seinen Gefangenen unter der Hand gegen Lösegeld freiläßt (Ranzionierung). Das Kriegsrecht sucht diesen Mißständen entgegenzuwirken, so bereits in den Artikelbriefen der Landsknechte. Eingehende Regelungen enthält vor allem der Artikelbrief der Reichsarmee von 1682 in seinem Art. 76: Alle Kriegsgefangenen müssen der Generalität zu weiterer Anordnung vorgeführt und in die „Generalstockhäuser" eingeliefert werden. Das individuelle Ranzionieren der Gefangenen steht unter „willkürlicher" Strafe; wenn Gefangene ohne Erlaubnis des Kommandeurs im Lager umhergehen, büßt derjenige seine Rechte an ihm ein, der solche Rechte zuvor an ihm erworben hatte; diese Rechte fallen nun an den, der die Gefangenen als erster wieder ergreift.[7]

Eigenmächtiges Verfahren mit dem Gefangenen erlaubte sich nicht nur der einfache Soldat. Nachdem Graf Heinrich von Schwerin 1223 im Auftrage Kaiser Friedrichs II. den dänischen König Waldemar II. gefangen genommen hatte, schenkte er dem Gefangenen zwei Jahre später eigenmächtig gegen ein hohes persönliches Lösegeld die Freiheit.[8] — Redlicher verfährt Gerhard von Sinzig, ein Ministerialer des gleichen Kaisers. Gerhard von Sinzig hatte Gefan-

---

[5] RWB Fanggulden III. — Reiches, aus Archiven erarbeitetes Material bietet Elsbeth ORTH, Die Fehden der Reichsstadt Frankfurt a. M. im Spätmittelalter, Frankf. Hist. Abhandlungen, Bd. 6, 1973, S. 77, unter der Überschrift Verbleib der Beute.

[6] SCHRÖDER / v. KÜNSSBERG, S. 566. Die dort summarisch angegebenen Belege habe ich nicht präzisieren können.

[7] Fr. MERZBACHER, Der Artikelbrief für die Reichsarmee von 1682, ZRG (GA) 69 (1952), S. 349, insbes. 359.. — Quelle ist eine Abschrift im Bayerischen Stadtarchiv zu Würzburg, Schweinfurter Kreisakten 59. MERZBACHER, a. a. O., S. 351, Note 6.

[8] GEBHARDT/GRUNDMANN, Handb. d. dt. Gesch. I ^{8}1959, § 135; dort die weitere Literatur.

gene gemacht, deren Lösung ihm 400 Mark eingebracht hätte. Auf Befehl des Kaisers läßt er sie ohne Lösegeld frei, spricht aber anläßlich einer Rechnungslegung v. J. 1242 die Erwartung einer Remuneration von seiten des Kaisers aus (Zeumer I, 66):

> Captivos quos habebat dimisit ad mandatum nostrum solutos, de quibus poterat habere, ut dicit CCCC marcas. Super his expectat gratiam imperatoris et nostram (d. h. Konrads und Kaiser Friedrichs II).

Es hat auch Lösegeldabreden inter pares gegeben. Eine solche findet sich in einem Bündnisvertrag zwischen Gerhard von Cleve und der Stadt Duisburg für den Fall eines Krieges gegen Herzog Adolf von Cleve (4. Februar 1449):

> Ind wes den gevangenen affgeschat wordt (abgeschätzt, durch Schatzung abgenommen wird), soelen wy Gerart vurscreven tweedeel ind wy borgermeystere in behueff der stad vurscreven dat darde deel hebn ind hoeren.[9]

Einen gesetzlich geregelten Interessenausgleich zwischen dem Staat und seinem Feldherren kennt die französische Ordonnance de la Marine von 1681 unter dem Abschnitt De l'Amiral; dort heißt es in I, 1. 9: Le Dixième de toutes les prises en mer ou sur les grèves sous commission et pavillon de France, appartiendra à l'Amiral, avec le dixième des rançons. Rançon c'est ce qu'on donne aux ennemies pour se redimer soi même, ou autrui, quand on est prisonnier de guerre.

---

[9] Abdruck bei J. Kohler und E. Liesegang, Das römische Recht am Niederrhein. Gutachten Kölner Rechtsgelehrter aus dem 14. und 15. Jh., Stuttgart 1896—98, Abschnitt C, Beilagen; Heft 2, Beilage I, Nr. 19. — Ich verdanke diesen Hinweis Herrn Jürgen Becker.

Die Durchführung des Loskaufes

Damit ein Loskauf zustande kam, war meist das Zusammenwirken dreier Personen notwendig: Des Gefangenen, des Gewalthabers und des Loskäufers. Wer setzte sie untereinander in Verbindung?

Oft war der Gewalthaber am klingenden Geld interessiert — er hinderte seinen Gefangenen dann nicht an einer Botschaft in die Heimat, vielleicht durch den Mund eines schon losgekauften Mitgefangenen. Einen solchen Fall kennen bereits die Digesten.[1]

Lag der Gefangene im eigenen Lande, so ließ sich der Loskauf nach der organisatorischen Seite verhältnismäßig leicht vollziehen. Nicht ohne Grund sehen die Gesetze der alten Zeit — seit der Lex Salica — die Verschleppung ins Ausland als besonders gravierend an. Aber auch inländische Loskaufsituationen konnten verwickelt liegen und dann bisweilen in kunstvoller Weise ihre Bewältigung finden. Ein Beispiel dafür bietet der Loskauf gefangener Einbecker Bürger in einer Fehde zwischen dieser Stadt und Herzog Wilhelm dem Jüngeren von Braunschweig im Jahre 1479.[2] Der Herzog hatte das städtische Heer besiegt, und viele Bürger fielen in seine Hand. Er legte sie in strenge Haft zu Eschwege und Hardegsen: *se legen dar gefangen und gebunden we de wilden deer.* Das Motiv des Herzogs war gewiß nicht nur Erbitterung, sondern auch das Begehren nach Lösegeld. Jedenfalls täuschte sich der Herzog in der Erwartung einer Offerte nicht. Da die Fehde noch andauerte, waren direkte Verhandlungen für die Stadt Einbeck mit dem Herzog nicht tunlich. Einbeck wandte sich daher zur Vermittlung an das neutrale Göttingen, gleichsam als Schutzmacht: Göttingen soll den Herzog zum Einverständnis bewegen, daß die Gefangenen nach Leistung einer Art Urfehdeeid daselbst in eine Herberge (Einlager) überführt werden dürfen; Göttingen soll gegenüber dem Herzog die Bürgschaft für das Lösegeld übernehmen: 30 000 Gulden und den sog. Fangtaler für jeden einzelnen Gefangenen; die Stadt Einbeck ihrerseits sichert die Schutzmacht Göttingen durch Übernahme einer Rückbürgschaft in

---

[1] Dig. 3. 5. 21 pr.

[2] Archiv des Historischen Vereins für Niedersachsen 1846, Anlagen Nr. 10, 11, 16. — Den Hinweis verdanke ich Herrn Bernhard DIESTELKAMP.

gleicher Höhe.[3] In der Tat hat der Herzog eingewilligt. So kommt die Lösung der Gefangenen noch bei währender Fehde zustande. — Es wäre gut zu wissen, ob die hier geschilderte Konfliktsituation unter Einschaltung einer Rückbürgschaft einen glücklichen Einzelfall darstellt oder einem im Mittelalter allgemeinen Modell entspricht.

Schwieriger war der Loskauf durchzuführen, wenn der Gefangene im Ausland lag, namentlich in der Türkei und in den Barbareskenstaaten. Oft wurden die Gefangenen durch Juden der Küstenstädte aufgespürt. Diese hatten oft nach der Gefangennahme den Verkauf an den jetzigen Gewalthaber vermittelt. So konnten sie nun beim Rückkauf noch einmal verdienen.[4] Als Mittelsmänner waren sie auch bei den Sarazenen nicht ungern gesehen, da sie zwar auch verachtet, aber wenigstens keine Christen waren.[5] Trotzdem bleibt es für uns modernen Menschen ein Wunder, wie gut in jener Zeit die Kommunikationen funktioniert haben, als man noch nicht durch die Post verwöhnt war. Nicht nur Juden betrieben den Loskauf. Oft betrieb ihn eine neutrale Stadt — gleichsam als Schutzmacht; oft auch ein beim Gegner akkreditierter Konsul, insbesondere der englische Konsul in Tanger zugunsten gefangener deutscher Seeleute; denn England hat jahrelang gegen einen gewaltigen Tribut mit dem Maghreb im Frieden gelebt und konsularische Beziehungen gepflogen. Eine schöne Nebeneinnahme des Konsuls in Tanger.[6]

Was Juden, Banken, Konsuln freigewerblich betrieben, hat der König von Spanien, obwohl kriegführende Macht, als Staatseinrichtung ausgebaut. Er schuf das Amt des Alfaqueque (von arabisch *fakkak;* die Mauren haben in der Tat das Amt zuerst gekannt.[7]) Quelle dafür ist das spanische Gesetzbuch Las

---

[3] A. a. O., Anlage 11.

[4] Ch. Verlinden, L'esclavage dans l'Europe médiévale I, 1955, S. 832, 833. — Noch um 1750 vermittelt ein Jude Meyer Schiff mehrfach den Loskauf hamburgischer Sklaven in Algier. E. Baasch, Die Hansestädte und die Barbaresken 1897, S. 60.

[5] Bereits in der Antike galt das Geschäft des Sklavenhändlers als leicht anrüchig, ja nicht einmal als „Gewerbe". Vgl. Digesten 50. 16. Nr. 207; Mercis appellatione homines non contineri Mela ait; et ob eam rem mangones (die Sklavenhändler) non mercatores sed venaliciarios ait, et recte.

[6] Als 1749 das Danziger Schiff Augustus III mit 35 Mann von den Algeriern genommen wurde, war es der französische Konsul in Algier, der den Loskauf des Kapitäns und von 23 Mann Besatzung zum Preise von 75 000 livres durch die Stadt Danzig vermittelte. W. Ried, Deutsche Segelschiffahrt, 1974, S. 117.

[7] E. Lévy-Provençal, Histoire de l'Espagne Musulman, Paris 1943, Bd. 3, S. 105 f. — Man könnte das gesamte Thema „Der Loskauf Gefangener" ebenso aus musulmanischer Sicht darstellen. Vgl. G. Bergsträsser, Grundzüge des Islamischen Rechts, hg. von Jos. Schacht, 1935, S. 36, 40—42, 78, 107.

Siete Partidas.[8] Die einschlägigen Kapitel dieses Gesetzes — II 30 — sind die umfangreichste geschlossene Regelung des Loskaufswesens, die aus dem Mittelalter überliefert ist. Die Vorschriften gleichen mehr einem Traktat als einem Gesetz, in manchen Teilen wirken sie auch wie eine wohldurchdachte Dienstanweisung.

Der Alfaqueque ist ein öffentlicher Loskäufer oder Loskaufmakler. Er wird öffentlich durch *boni homines* gewählt, aber staatlich auf korrekte Amtsführung vereidigt. Er erhält eine öffentlich besiegelte Bestallungsurkunde, *carta abierta con sello.* Er hat hoheitliche Befugnisse und reitet unter einer Fahne, dem *pendon de señal del rey.* Er zieht nur auf gebahnten Wegen, auf „rechter Straße": *vaya todavia por el camino mayor et mas derecho et non fuera dél.* Er genießt völkerrechtliche Immunität.[9] Er bezieht nicht Maklergebühren, sondern ein Gehalt. Er bietet den betroffenen Familien seine Dienste an: für Aufsuchung, Loskauf und Austausch. Bei Pflichtverletzung droht ihm Regreß, ja Haft als spiegelnde Strafe, namentlich bei einer Verzögerung des Auftrages: *otro tanto tiempo deben ellos yacer presos quanto fue el alongamiento que ellos ficieron á los cativos.*

Alles in allem ist der Alfaqueque eine bemerkenswerte Figur der Völkerrechtsgeschichte. Man könnte fragen, warum Spanien diese staatliche Einrichtung geschaffen hat, obwohl dort die großen Loskauforden erfolgreich wirkten. Nun — vielleicht gerade deshalb; denn neben dem karitativen Interesse gab es ein hohes politisches Staatsinteresse. Vielleicht gab es aber auch neben dem Wirken der Loskauforden ein ungeregeltes, ja unseriöses Loskaufwesen[10], das der Staat zwar nicht verbieten konnte oder wollte, dem er aber durch seine eigene Organisation den Rang ablaufen wollte.

---

[8] Las Siete Partidas II, 30. Vgl. Texte Nr. 4, S. 105.

[9] Daß ein Loskauforganisator völkerrechtlich immun sein mußte, liegt fast in der Natur der Sache, zumal bei währenden Feindseligkeiten. Beispiele findet man wiederum bereits bei Homer: Chryses, der im 1. Gesang der Ilias seine Tochter bei Agamemnon auslösen will, genießt Immunität als Priester des Apollo. Nicht nur als Vater, sondern als P r i e s t e r kommt er ins Lager des Agamemnon, denn er trägt das Zeichen des Apollopriesters in seinen Händen, den heiligen Lorbeer. — Priamos, der im 24. Gesang die Leiche seines Sohnes Hektor bei Achilles auslöst, genießt Immunität durch göttliches Geleit, nämlich durch Hermes; zusätzlich begleitet ihn noch ein Herold — Κῆρυξ — als Figur des irdischen Gesandtschaftsrechts, mit Namen Idäos (Il. 24, Vers 150, 470).

[10] Die Siete Partidas verbieten und bestrafen eigenmächtige Tätigkeit als Alfaqueque: *los que tomasen poder por si mesmos para seerlo, yerran gravemente, porque deben haber pena segunt alvedrio* (Ermessen) *del rey.*

Gegenüber der umfassenden und imponierenden Regelung der Siete Partidas erhebt sich nur diese Frage: hat sie wirklich in praktischer Geltung gestanden, hat sie s o in Geltung gestanden? Die Antwort müßten uns spanische Archive geben; der Verfasser hat sie nicht durchforschen können. Dem praktischen Funktionieren des Loskaufes gegenüber den Sarazenen kam es aber wohl auch zustatten, daß dem internen Recht des Islam der Loskauf gleichsam geläufig war. Wir erwähnten bereits, daß das Wort Alfaqueque arabischer Herkunft ist. Und nicht nur das Wort. Das Recht des Islam kennt den Loskaufvertrag unter dem Wort *mukātaba*; es trifft Regelungen für den häufigen Fall des Loskaufes gegen Raten (*sahm*). Die *mukātaba* kann bei Verzug durch den Richter aufgehoben werden. Ein minderjähriger Sklave kann einen wirksamen Loskaufvertrag abschließen.[11] Mit Recht bemerkt Hugo Grotius zu den Parallelen des islamischen und christlichen Loskaufsrechts: Quod autem hac in parte Christiani, idem Mahumetistae inter se servant.[12]

Ich komme noch einmal auf die Juden als freiberufliche Kontakthersteller zurück. Ihr Geschäft umfaßte mehr. Meist waren sie Bankiers. Es ist kein Zufall, daß in unserem im Anhang abgedruckten aragonesischen Loskaufpatent der Loskäufer als *campsor* bezeichnet ist.[13] Als Bankiers konnten die Juden den Loskauf finanzieren und so auch die baldige tatsächliche Freilassung der Gefangenen herbeiführen. — Da der Loskauf aber andererseits weitgehend als Bargeschäft durchgeführt wurde, stand der Loskäufer in einem hohen Risiko des Verlustes der mitgeführten Barmittel. Dagegen konnte er sich versichern; das preußische Allgemeine Landrecht bestimmt in II 8. 1979:

> Derjenige, welcher die Loskaufung eines von Feinden oder Seeräubern Gefangenen übernommen hat, kann sich das Lösegeld nebst den Kosten wieder versichern lassen.[14]

---

[11] G. BERGSTRÄSSER, Grundzüge des islamischen Rechts, hg. von Joseph SCHACHT, 1935; daselbst, S. 36, 40—42, 78, 107.

[12] Hugo GROTIUS, De iure Belli ac pacis III 7, § II, Nr. 9.

[13] Urkundenanhang Nr. 2, S. 99.

[14] Eine ähnliche Vorschrift kennt bereits die französische Ordonnance de la Marine in Buch III, Titel VI, Art. 11.

Schriftlichkeit des Loskaufgeschäftes?

Mir ist niemals ein schriftlicher Loskaufvertrag aus Mittelalter oder Neuzeit zu Gesicht gekommen. Gleichwohl spielt die Schriftlichkeit im Zusammenhang mit dem Loskauf eine Rolle. Das gilt freilich mehr von der Entlassung aus normaler Sklaverei oder Knechtschaft als aus derjenigen, welche zum Gewinn von Lösegeld begründet worden ist.

Im ersten Falle sind schriftliche Zeugnisse reich; sie gehen auch weit zurück. Oben (S. 18, 19) ist vom Selbstloskauf griechischer Sklaven unter Einschaltung des Tempels als Treuhänder die Rede gewesen. Vielfach wurde bei solchen Geschäften die Freilassung in die Tempelmauer eingraviert. Als Beispiel sei nachfolgend eine Inschrift von 200/199 v. Chr. wiedergegeben, welche sich an der Polygonalmauer des Apollotempels zu Delphi befindet[1; 2]:

> (Datum) Es kaufte der Pythische Apollo von dem Sosibios von Amphissa zur Freiheit einen weiblichen Sklaven mit Namen Nikaia, der Herkunft nach Römerin, um den Preis von 3½ Minen (es folgen die Bürgen). Der Preis ist bezahlt. Den Kauf hat Nikaia dem Apollon anvertraut auf ihre Freiheit (es folgt die Zeugenreihe).
>
> Griechisch: [Datum] ἐπρίατο ὁ Ἀπόλλων ὁ Πύθιος παρὰ Σωβισίου Ἀμφισσέος ἐπ' ἐλευθερίαι σῶμα γυναικεῖον, αἶ ὄνομα Νίκαια, τὸ γένος Ρωμαίαν, τιμᾶς [um den Preis von] ἀργυρίου μνᾶν τριῶν καὶ ἡμιμναίου [folgen die Bürgen]. Τὰν τιμὰν ἀπέχει, τὰν δὲ ὠνὰν ἐπίστευσε[3] Νίκαια τῶι Ἀπόλλωνι ἐπ' ἐλευθερίαν. — [folgen die Zeugen].[4]

Solche Tempelinschriften hatten für den Losgekauften die Funktion eines Beweismittels, ähnlich wie in Rom im Falle der Manumissio per epistulam der Freibrief in der Hand des Libertus.

---

[1] A. DEISSMANN, Licht vom Osten ⁴1923, S. 244.

[2] P. FOUCARD, Mémoire sur l'affranchissement des esclaves par forme de vente à une divinité d'après les inscriptions des Delphes (Archives des missions scientifiques, deuxième série Bd. 3, Paris 1866, S. 375—424.

[3] ἐπίστευσε: Sie, die Sklavin Nikaia, hat anvertraut, sie hat den Gott zu ihrem Treuhänder gemacht.

[4] Weitere Belege für den Freiheitserwerb durch Verkauf an den Delphischen Apollo bei J. KOHLER und E. ZIEBART, Das Stadtrecht von Gortyn, 1912, S. 100.

In der Spätantike schuf die Gesetzgebung Kaiser Konstantins eine kirchliche Freilassung, über die eine Urkunde aufgenommen wurde (Codex 1. 13. 1). Diese Regelung setzte sich in der Zeit der Volksrechte fort (Lex Romana Burgundionum 3. 1., Lex Ribuaria 58). Solche Freigelassenen hießen nach der Urkunde *tabularii*. Daneben gab es eine weltliche Freilassung, doch ebenfalls durch Übergabe eines Freibriefes; diese Freigelassenen hießen — gleichfalls nach der Urkunde — *cartularii*.[5] In den Formulae Senonenses (8. Jh.) findet sich das Formular eines Freibriefes unter der Überschrift *Ingenuitas:* „Pro remedium (sic)animae meae servo iuris mei nomen illo relaxavi ingenuum, peculiare vero cessum habeas."[6] Das Formular geht von unentgeltlicher Freilassung aus, im Falle eines Loskaufes wird der Brief entsprechend anders gelautet haben.

Freilassungsurkunden aus dem Hochmittelalter kenne ich nicht, obwohl Freilassungen aus der Hörigkeit zu dieser Zeit sehr häufig stattgefunden haben.[7] Im 17. Jh. spielt der Freibrief als Entlassungsurkunde aus der Leibeigenschaft eine große Rolle. Belege liefert das Deutsche Rechtswörterbuch unter Freibrief II. Das Formular eines Laß- oder Freibriefes findet sich bei Th. Knapp, Beiträge zur Rechts- und Wirtschaftsgeschichte (1902) 360. Ein Freibrief ist auch im preußischen Allgemeinen Landrecht unter II 8 vorgesehen — „Von der Entlassung aus der Untertänigkeit". Er heißt dort „Losbrief". § 500 sagt: „Die Ursache der Entlassung muß in dem Losbrief oder in der Kundschaft ausgedrückt werden." § 502 läßt erkennen, daß bei der Entlassung die Entrichtung eines „Losgeldes" durch den „Untertan" die Regel bildete.

Dieses alles ist wenig, und besonders stark empfindet man die Lücke für das Hochmittelalter, dem ein landesherrliches „Wildfangrecht" nicht fremd war. Selbst das wenige vollends bezieht sich nur auf Gestaltungen institutioneller Unfreiheit und nicht auf diejenigen Fälle, die uns besonders wichtig sind: Fälle der Unfreiheit, begründet zur Erlangung von Lösegeld.

---

[5] Näheres bei H. Brunner, Deutsche Rechtsgeschichte I^3, S. 360 f.

[6] Zeumer, Formulae 182.

[7] B. Diestelkamp berichtet von einem Loskauf Höriger durch die Stadt Lüneburg (1247). Die Stadt zahlt an Herzog Otto das Kind und seine Gemahlin Mechthildis 400 Mark reinen Silbers zum Loskauf mehrerer Neubürger von Hörigkeitsabgaben, nämlich Gerade, Heergewäte und Sterbfall. B. Diestelkamp, Die Städteprivilegien Herzog Ottos des Kindes, ersten Herzogs von Braunschweig-Lüneburg, 1961, S. 141. Die Urkunden im UB der Stadt Lüneburg, bearb. von W. F. Volger, 1872, Nr. 67 und 68.

Für diesen Fall kann ich nur eine einzige mittelalterliche Urkunde anführen, von der Charles VERLINDEN Mitteilung macht[8]. Im Kriege Venedigs gegen die orthodoxen Griechen erlaubte man sich dieselben Maßnahmen wie die Spanier gegen ungläubige Moslems; die Bevölkerung der Gegenseite — auch die nichtkriegführende — wurde in Razzias gefangengenommen und versklavt; erst in der Mitte des 14. Jh.s erhoben sich dagegen Bedenken.[9] VERLINDEN berichtet von einer notariellen Urkunde über den Loskauf eines versklavten Orthodoxen aus dem Jahre 1312, protokolliert vor dem Notar Marino Dato, Kanoniker von S. Marco in Venedig, der auf Kreta amtiert. Als Beleg für das nicht publizierte Instrument nennt er das Staatsarchiv Venedig, Untere Kanzlei D. 4. — Von einer Loskaufurkunde der frühen N e u z e i t berichtet die von Lawrence STONE verfaßte Biographie des Sir Horatio Palavicino.[10] Es handelt sich um die entgeltliche Freilassung von zwei prominenten Armada-Gefangenen, Don Diego Pimentel und Don Alonzo de Luzon im Dezember 1590. Der Vertrag wird durch Sir Horatio in Middelburg unterzeichnet (was signed at Middelburg by Horatio); also ein schriftlicher Vertrag, doch publiziert ihn der Verfasser nicht. Als Beleg nennt er die Materialien des britischen Staatsarchivs.[11] Sie waren mir nicht zugänglich.

Im ganzen hat die Forschung hinsichtlich der Schriftlichkeit im Loskaufgeschäft mit Spärlichkeit der Quellen zu rechnen. Der Grund für diese Quellenarmut mag darin liegen, daß die Urkunden meist in der Hand des Losgekauften verblieben, dessen Freiheit sie ja beweisen sollten, und dort leichter verloren gingen als Archivmaterial. Waren die Urkunden von Gewalthabern im Maghreb ausgestellt, und damit auf arabisch, so mochte die Gefahr des Verlustes noch größer sein. Endlich spielt mit, daß das Loskaufgeschäft häufig noch lange ein Bargeschäft gewesen ist. Insbesondere bei „Redemptiones Generales" haben die Loskäufer in der Regel bare Münze mit sich geführt. Das Bargeschäft läßt aber häufig die schriftliche Fixierung minder wichtig erscheinen.

---

[8] Ch. VERLINDEN, Orthodoxie et esclavage au bas moyen âge. Mélanges Eugène Tisserant, Bd. 5. 2, S. 427—456 (= Studi e Testi 235, Vatikan 1964), insbes. S. 429.

[9] Es dringt jetzt der Gedanke durch, daß griechische Sklaven, die den römisch-katholischen Glauben annehmen, nach sieben Jahren die Freiheit gewinnen (ut servi greci de Romania, postquam ceperunt credere articulos fidei, ut Sancta Romana Ecclesia tenet, si ex tunc serviverunt per septem annos, sint liberi (VERLINDEN, S. 433; H. FINCKE, Acta Aragonensia II, Berlin 1908, S. 659 ff.).

[10] Lawrence STONE, An Elizabethan: Sie Horatio Palavicino, Oxford 1956, S. 204.

[11] State Papers Foreign im Public Record Office, London; daselbst Calendar of State Papers Spanish 1587—1603, Nr. 599; State Papers Germany, States, 6 ff., 121, 161.

Die Erstattung des Lösegeldes

Nicht immer brauchte die Frage nach der Erstattung aufgewendeten Lösegeldes ins Bewußtsein der Beteiligten zu treten; insbesondere da nicht, wo der Loskauf dem spontanen Handeln aus familiärer Pietas entsprungen war; etwa wo der gefangene Vater oder das Kind in die häusliche, der Gatte in die eheliche Gemeinschaft zurückkehrte. Es ist aber ein Unterschied, ob ein rechtlicher Anspruch nicht geltend gemacht wurde oder ob er nicht bestand. Diese Ungewißheit sucht das spanische Gesetz der Siete Partidas zu beseitigen. In II 29. 12 behandeln die Siete Partidas die Frage, in welchen Fällen die Loskäufer aus der Gefangenschaft k e i n e n rechtlichen Erstattungsanspruch haben: *por quales razones los que sacon á otros de cativo n o n los deben* (= können) *demandar lo que pagaren por ellos.* In der Präambel nimmt das Gesetz auf die Regelung der Altvorderen (welche?) Bezug: *Ciertas razones mostraron los antiguos.* Die Siete Partidas nennen für den Ausschluß der Erstattung fünf Gründe — *et estas son cinco.* E r s t e n s : den erklärten Willen des Loskäufers, aus Liebe zu Gott gehandelt zu haben — *como si él que lo quitasse* (befreite) *lo ficiesse señaladamente por amor de Dios.* Ein solcher Loskäufer soll neben dem Gotteslohn keinen anderen Gewinn erzielen: *non debe haber otro gualardon sinon de aquel.* Hier ist an geistliche Loskauforden wie die Trinitarier und die Mercedarier zu denken: diese können also auch im Einzelfall, etwa wenn die Beteiligten vermögend waren, keinen Erstattungsanspruch geltend machen. Z w e i t e n s : der Anspruch entfällt bei einem Handeln aus natürlicher Pietas wie dem des Vaters gegen den Sohn oder sonst gegen direkte Abkömmlinge: *la segunda por razon de piedat que viene por debdo de naturaleza, asi como quando el padre saca al fijo de cativo ó á la madre, ó á alguno de los otros que descienden dél por liña derecha.* D r i t t e n s : beim Handeln aus der Verpflichtung zu ehelicher Treue: la tercera es por razon de debdo de casamiento, asi como si home ó muger sacase uno á otro de cativo et se casasen despues en uno[1], ó si quitase il marido á la muger ó ella á él. — V i e r t e n s : bei Loskauf aus Anlaß eines Vergehens *la quarta es por razon de yerro que nasce de maldat* usw. — F ü n f t e n s : Die Erstattung entfällt im Falle des mutmaßlichen

[1] Vgl. Codex 8. 50. 13.

Verzichts, insbesondere nach einjähriger „Verschweigung", gerechnet vom Augenblick des Loskaufes an; insbesondere soll dann kein Anspruch gegen die Erben des Erstattungsschuldners gegeben sein: *La quinta es por razon que nasce de sospecha* (Mutmaßung), *et esto serie como si el que quitase á alguno de cativo, nol demandase en su vida quel pagase a quello que habie pagado por él. Et esto se debe entender fasta un año despues que lo hobiese sacado; ca si él muriesce despues de aquel plazo* (Frist) *et el otro non gelo hobiese demandado en juicio nin fuera dél, et despues lo quisiese demandar a sus herederos, non lo podrie facer nil serien ellos tenudos de responder por ello; ca pues que hobo tiempo para demandarlo do que habie pagado por él et non quiso, bien se entiende que fu su voluntad de nunca gelo demandar.*

Die vorbezeichneten fünf Fälle der Siete Partidas aber sind Ausnahmen. In der Regel war ein Erstattungsanspruch gegeben, namentlich im Falle des gewerblichen Loskaufes. Schon in der Antike scheint es gewerbsmäßige Loskaufunternehmer gegeben zu haben. Das Stadtrecht von Gortyn[2] und einige Corpus-Iuris-Stellen lassen das vermuten. Im Mittelalter setzt sich das fort. Wie selbstverständlich dem Mittelalter der Erstattungsanspruch des Loskäufers und die persönliche Haftung des Gelösten für diesen erschien, lehrt ein Bericht in der Vita Sancti Rimberti Kap. 18[3]: Der Heilige hat eine von den Slawen gefangene Nonne mit seinem eigenen Reitpferde losgekauft, *repente desiluit de equo, et [eum] pro eadem dedit captiva.* Die Vita hält aber einen Zusatz für nötig, um den Heiligen in seiner Güte zu charakterisieren: *redemptamque libertate donavit, et quo vellet abire permisit.* Dieses *permisit* ist keine bloße Paraphrase des vorher Gesagten, sondern ein wesentlicher Zusatz: Bischof Rimbert hat die Nonne losgekauft und ihr die Freiheit geschenkt, ohne deren persönliche Haftung geltend zu machen.

Dies freilich ist eine ideale Welt. Für jeden aber, der nicht aus reiner Pietas handelte, mußte die Frage nach der Erstattung des aufgewendeten Lösegeldes auftauchen. Wie der Loskauf selbst, so bleibt auch der Erstattungsanspruch des Loskäufers in der Rechtsordnung der älteren Zeiten merkwürdig schemenhaft. Die klarste und vollständigste Regelung findet sich, für uns überraschend, in dem ältesten Rechtskodex, der uns überliefert ist, im Codex Hammurapi. Es heißt dort in § 32 nach der Ausgabe von Kohler und Peiser:

[2] Das Stadtrecht von Gortyn, hg. von Joseph Kohler und E. Ziebarth, 1912, daselbst die Vorschrift VI 50 (S. 14—17).

[3] Vita Sancti Rimberti, MG SS II 764—775, hier S. 773. — Den Hinweis auf diese Vita verdanke ich Herrn Kollegen Walter Göbell.

„Wird ein Soldat ... gefangen und von einem Kapitalisten ausgelöst, so ist diesem die Auslösungssumme aus dem Vermögen des Ausgelösten zu erstatten. Ist sie hier nicht beizutreiben, so tritt die Tempelstiftung seiner Stadt für ihn ein. In Ermangelung der Tempelstiftung tritt der Staat für ihn ein."

Wir haben uns hier jedoch mit Antike und Mittelalter zu beschäftigen, auch wenn dort die Konturen minder deutlich sind.

Als Erstattungsschuldner kam auch hier in erster Linie der ausgelöste Gefangene selbst in Frage. Eine Kriegsordnung des 16. Jh. sieht vor, daß gefangene Landsknechte von ihrem Zahlherren auszulösen sind und dieser das Lösegeld vom Solde des Landsknechtes einbehält.[3a] — In einer Zeit aber, welche die Schuldhaft kannte, erweckte der Erstattungsanspruch gegen den Gelösten Probleme. Welchen Sinn hatte es, wenn der gelöste Gefangene wegen dieses Anspruches aus einer Haft in die andere fiel? Die Formulare Arvernenses enthalten in der Tat ein Formular für die Ergebung des Losgekauften in die Knechtschaft des Loskäufers, mit der Überschrift *Redemturia*.[4] Also aus einer Knechtschaft in die andere.[5] Die Bibel benutzt diese Rechtsfolge in ihrer Loskaufallegorie im positiven Sinne: der erlöste Sünder ist fortan Eigentum seines Erlösers. So Luther in seinem Katechismus:

„Ich glaube, daß Jesus Christus sei mein Herr, der mich verlorenen Menschen erlöset hat ... auf daß ich sein eigen sei und ihm diene ..."

Schon die spätrömische Kaisergesetzgebung beschäftigt sich mit dem Erstattungsanspruch gegen den redemptor. Es kam vor, daß der *redemptor* den *redemptus* nicht in die Freiheit entließ, weil er noch nicht befriedigt war. Es kam auch vor, daß in diesem Zwischenstadium der Vater des *redemptus* starb — konnte der Ausgelöste dann Erbe werden? Der Codex bejaht es:

successionis iura sibi vindicare favore ingenuitatis potest, et ex ea possit pretium pro se datum exsolvere (Cod. 8. 51. 15).

Eine geistvolle Lösung im Einzelfall. Aber ließ sich darüber hinaus die Materie im Ganzen lösen? Das erschien notwendig. Denn: griff hier die Gesetzgebung nicht ein, so kam der Gefangene mit dem Loskauf vom Regen in die Traufe;

[3a] Adam Junghans von der Olnitz, Kriegsordnung zu Wasser und zu Land 157 (zitiert nach der Auflage Köln 1611).

[4] Formulae Arvernenses, MG LL IV, Formulae S. 32, Nr. 5. Abdruck unter Texte Nr. 1, S. 97.

[5] Eine merowingische Urkunde sagt: Illi vero, quos de captivitate redemi et ante ingenui fuerunt et modo pro pretio servire videntur ... (Pardessus, Diplomata I, S. 214).

griff sie aber ein, so verkümmerte der Anreiz zum Loskauf. Die Kaisergesetzgebung ist hier einen Mittelweg gegangen, wiederum in Codex 8. 50 (51) 15:

> propter utilitatem publicam aequum est emptoribus pretium redhiberi.

Und weiter:

> decet redemptos aut datum pro se pretium restituere ... vel opere quinquennii vicem referre beneficii;

das heißt: der Losgekaufte sollte anstelle von Zahlung 5 Jahre persönlichen Dienst für die Wohltat leisten. Danach war der Losgekaufte immer frei, auch wenn der Wert seiner Arbeit noch nicht die Loskaufsumme deckte.

Diese Regelung hat das Mittelalter beibehalten. Sie findet sich in der Glosse zu Liber Extra 5. 6. 1. Cujas bringt diesen Zwischenzustand des Losgekauften in ein Wortspiel „redemptus ab hoste redemptori servit, nec tamen est servus."

Sehr eingehend ist das Quinquennium geregelt in dem spanischen Gesetz Las Siete Partidas (um 1260) unter der Überschrift *Qué derecho han en el cativo aquellos que los fian* (für sie bürgen) *o pagan por ellos* (II 29. 11). Von dem Gelösten heißt es dort: *non se ha por eso de servir di siervo, mas puédelo tener guardado come en manera de penos*; der Loskäufer darf ihn also nicht wie einen Sklaven, wohl aber wie ein Pfand (*pignus, peño*) behalten. Der Gelöste darf ihn nicht verlassen, bevor er gezahlt oder wenigstens fünf Jahre gedient hat: *faga pagamiento ol sirva por ello cinco años.* Die Arbeitsaufträge müssen der Art des individuellen Dienstverpflichteten entsprechen: *cosas que sean guisadas* (angeglichen) *de facer segunt qual home fuere.* Das Gesetz regelt auch den Fall, daß der Gelöste vorzeitig flieht und der Berechtigte ihn später bei einem Dritten wieder findet: Der Berechtigte mag jetzt vor dem neuen Herren des Gelösten oder vor dem Richter mit Urkunden oder Zeugen den Sachverhalt beweisen (*por carta o por testigos*). So erhält der Berechtigte seinen Dienstverpflichteten zurück, und er gewinnt gegen ihn zudem einen Erstattungsanspruch wegen der Fahndungskosten: *et él puede levar de él las misiones que hobiese fecho en buscandolo.*

*

Ich habe vorhin von den Juden der Mittelmeerküste als Negotiatoren des Loskaufes gesprochen: Als Makler und Vorfinanzierer. Oft handelten sie kraft Auftrages des Gefangenen oder seiner Familie. Aber nicht immer war ein Auftrag möglich, und stets war Gefahr im Verzug: Die deutschen Rechtsbücher nennen die Haft sehr treffend *uph den lieph gefangen sin* — die Haft bedrohte das Leben. Deshalb wurde oft ein Befreiter aus eigenem Antrieb tätig — wir könnten vielleicht sagen: Kraft Geschäftsführung ohne Auftrag. In der Tat klingt diese Rechtsfigur an im Schwabenspiegel Nr. 353 mit der Überschrift

Von vengnusse[6]:

„Wenn ein Mann gefangen liegt und seine Kinder oder Erben sich seines Gutes während der Gefangenschaft unterwinden — wird der Gefangene ledig, so sollen sie ihm sein Gut ledig lassen ohne Schaden."

Sodann geht es weiter, für uns bedeutsam: *„haben sie aber durch sine ere unde durch sin gefure icht verzert, daz sol er in geilten."*

Zum Verständnis ist hier das Wörterbuch von Lexer oder das Deutsche Rechtswörterbuch zur Hand zu nehmen: *durch* kann auch heißen im Interesse; *gefure* heißt Vorteil (*er und gefure* ist nach dem Rechtswörterbuch als Paarformel auch sonst in Oberdeutschland belegt); *verzeren* endlich heißt aufwenden. Der Schwabenspiegel sagt also: Haben die Angehörigen während der Gefangenschaft etwas zum Vorteil des Gefangenen aufgewendet, das soll er ihnen erstatten; in unserem Fall: das Lösegeld. Diese Auslegung mag auf den ersten Blick fremdartig erscheinen. Der moderne Jurist denkt wohl zunächst an § 994 I des Deutschen Bürgerlichen Gesetzbuches:

Der Besitzer kann für die auf die Sache gemachten notwendigen Verwendungen von dem Eigentümer Ersatz verlangen.

Gewiß deckt die Vorschrift des Schwabenspiegels auch diesen Fall; aber nicht allein, und der Spiegler hat gewiß vor allem die Aufwendungen zugunsten der Person, nämlich des Gefangenen gedacht — *als er ledig wird.* Das zeigt die Überschrift von *vengnusse* und die nochmalige Hervorhebung der Gefangenschaft im Text. Man kann dagegen auch nicht einwenden, daß im Text zunächst von *gut* die Rede sei und sich nach unserer Auslegung ein Gedankensprung ergebe, weil der Erstattungsanspruch ein persönlicher Anspruch sei. Denn im Regelfall wird auch dann das *gut* das einzige Objekt gewesen sein, aus dem die Aufwendungen für den Loskauf beglichen werden konnten.

---

[6] Schwabenspiegel Normalform Uh Nr. 353: Von vengnusse. Als ein man gevangen lit und underwindent sich sine kint oder ander sine erben sines gutes, wie lange er gevangen ist, als er ledig wird, so suln si ime sin gut ledig laßen ane schaden ... habent sie aber durch sine ere unde durch sin gefure icht verzert, das sol er in geilten.

Zu unserer Auslegung fügt sich gut ein Zusatz Laßbergs zum Schwabenspiegel, ebenfalls überschrieben *vancnusse.*[7] In moderner Sprache lautet er:

> Wer den anderen löst, da er auf den Leib gefangen liegt, und das in Treuen tut — wird der Gefangene dann ledig, so soll der Befreite dem Loskäufer die Summe erstatten, wenn er soviel besitzt. Und besitzt er nicht mehr als den Wert des Lösegeldes, so muß er sein ganzes Gut hingeben, und keiner seiner Erben kann dagegen Einspruch einlegen [also kein Beispruchsrecht]. Stirbt der Gelöste, so sollen seine Erben dem Loskäufer seine Aufwendungen erstatten, denn dieser hat den Gefangenen durch seine Treue[8] losgekauft.

„Durch seine Treue" ist ein Terminus des Rechts: durch ein *opus pietatis.* Iusta et honesta causa.

Daß man in beiden Zitaten wirklich an eine Rechtsfigur nach Art der Geschäftsführung ohne Auftrag denken darf, lehrt eine Urkunde aus Cividale im Wiener Haus-, Hof- und Staatsarchiv von 1415; ihre Kenntnis verdanke ich Bernhard DIESTELKAMP.[9]

Ein gewisser Franciscus de Richeriis, Bürger der Stadt Portogruaro, hat aus eigener Initiative und mit eigenen Mitteln 75 Bürger der Stadt Gemona — im Mittelalter Glemona — losgekauft, die im Kriege zwischen Gemona und Ve-

---

[7] Schwabenspiegel, Laßbergsche Ausgabe 1840, Nr. 375:
vancnusse. Swer den anderen loset, da er uf den lip gefangen lit, und tuot daz in triwen, als ienr ledic wirt, er sol im gelten, ob er so vil hat. und hat er niht mere, wan als vil er in geloset hat, er sol im sin guot gar geben. und mag im daz kein sin erbe verwern. er lose sich sinem guote. und stirbet der man, der erloset ist, die erben suln disem sin schaden ab legen. wan er in durch triwe erloset hat. und stirbet ioch, der disen da loste, und hat man im sinen schaden niht abegeleit, so sol man sinen erben tuon, swaz man im getan solte haben. quia vite premium nulla potest estimatione pensari.

[8] Die Arbeitsstelle des Deutschen Rechtswörterbuches hat mir freundlicherweise ihre Belege für die Formel „durch Treue" mitgeteilt; sie rechtfertigen deren Gleichsetzung mit *pietas, opus pietatis.* „durch Treue":

12. Jh.	MSD. 99 S. 320
vor 1230	Stricker, Karl V. 7604
	SächsWChr. 124
1346	BairLR. Art. 84
1347	MünchenStR. (Dirr) 53
1347	MünchenStR. Art. 191
1353	MansfeldKlUB. 444
1370	SPöltenUB. II 88
Ende 14. Jh.	GlWeichb. 302 Art. 26
	GlWeichb. 310 Art. 26.

(Abkürzungen vgl. nach den Quellenheften des Dt. Rechtswörterbuches, Weimar 1912, 1930, 1953, 1970).

[9] Ungedruckte Urkunde von 1415, Dez 14; Abdruck unter Texte Nr. 8, S. 113.

nedig in venezianische Gefangenschaft geraten waren. Er begehrt von der Kommune Gemona Erstattung. Durch einen Schiedsspruch wird sein Anspruch für begründet erklärt. Die rechtsgelehrten Schiedsrichter bedienen sich dabei folgender Formeln:

1. Franciscus recte gessit opus pietatis et piae miserationis. *opus pietatis* entspricht dem Loskauf durch *truwe*. Ferner: nach römischem Recht ist ein *opus pietatis* stets nach den Grundsätzen der neg. gestio erstattungsfähig, z. B. das Begraben eines Toten.

2. Franciscus egit officium perpetuo promovendum, d. h. wohl ein Geschäft, das immer Förderung verdient; er hat also im öffentlichen Interesse gehandelt, § 679 des deutschen Bürgerlichen Gesetzbuches.

3. Comunitas recognovit tam scriptis qum verbis pietatem ab eo gestam. Das heißt einmal: die Gemeinde hat bereits anerkannt, daß ein *opus pietatis* vorliegt. Ferner: es liegt nachfolgende *ratihabitio* der Stadt Gemona vor, und damit schlechtweg ein *utiliter gestum.* Denn: ratihabitio mandato comparatur (D. 46. 3. 12. 4).

4. Es handelt sich um *boni cives,* also solche, die nicht in krimineller Haft, sondern als Kriegsgefangene zu Venedig lagen.

Die Schiedsmänner von Cividale kannten das römische Recht. Sie kannten das Digestenfragment, wonach eine negotiorum gestio zugunsten eines Kriegsgefangenen, obwohl er rechtlich nicht als *persona* galt, doch möglich ist.[10] Sie kannten vor allem Dig. 3.5. 20:

> Si quis apud hostes constitutus decessit, et successori, et adversus successorem eius negotiorum gestorum directa et contraria competit.

und dazu die Erläuterung von Bartolus:

> Qui unus p r o a l i o r e d i m e n d o cogitur solvere, recuperat hac actione.

Auf dieser Basis also entscheiden die Schiedsleute von Cividale: Der Loskauf eines Kriegsgefangenen löst als *opus pietatis,* als Handeln *durch triuwe,* einen Erstattungsanspruch gegen die Kommune aus.

Die Schiedsleute haben ihre Entscheidung in romanistische Formen gekleidet. Aber noch bemerkenswerter erscheint es mir, daß der Schiedsspruch zugleich den

[10] Vgl. D. 3. 5. 19. 5: Dum apud hostes esset Titius, negotia eius administravi, postea reversus est. negotiorum gestorum mihi actio competit, etiamsi eo tempore, quo gerebantur, dominum non habuerunt.

Sätzen des Schwabenspiegels folgt. So starke Konvergenzen kann es also zwischen römischem Recht und dem älteren deutschen Privatrecht geben; und das bei einer an sich so diffizilen Rechtsfigur, wie die Geschäftsführung ohne Auftrag es ist.

Wir sollten aber noch einmal zu dem Schiedsspruch von Cividale zurückkehren. Die Erstattungspflicht der Stadt Gemona erscheint uns selbstverständlich — warum hat sich aber Gemona dennoch gewehrt? Die Urkunde schweigt darüber. Wir tappen im dunkeln. Man könnte aber fragen, ob es für eine Stadtgemeinde politisch und finanziell zumutbar war, den Erstattungsanspruch eines jeden beliebigen Loskäufers zu befriedigen. Gab es vielleicht gar ein wildes Loskäufertum? Gab es demgegenüber ein Loskäufermonopol der Kommune selbst? In späteren Archivmaterialien habe ich gefunden, daß jeder Loskauf mit schriftlicher Anzeige und Antrag der Ehefrau des Gefangenen bei der Stadtkommune begann. (Nur zweimal fand ich die Anzeige durch die Mutter; wörtlich: *Mattrose N., der hier auf dieser Welt an Freunden Niemandt hat als seine Alte Mutter.*) Dieser Regelung entspricht genau die französische Ordonnance de la Marine von 1681.[11] Auch sie geht davon aus, daß stets die Ehefrau den Loskauf ihres gefangenen Mannes betreibt, und gibt ihr dafür die Verfügungsgewalt über ihr Heiratsgut. Weigert sich die Frau, so kann dann den Loskauf, aber mit Genehmigung des Gerichts, jeder Dritte betreiben. Dieser erwirbt kraft der Genehmigung, falls der Gefangene gegen Sklaverei versichert war, durch *cessio legis* den Anspruch gegen den Versicherer; bestand eine solche Versicherung nicht, so erwirbt der Loskäufer — ex lege — einen Erstattungsanspruch gegen das Vermögen des Losgekauften. Ich betrachte diese Vorschriften als Lex specialis gegenüber der Geschäftsführung ohne Auftrag. Der Erstattungsanspruch wird an eine Genehmigung im Wege der Freiwilligen Gerichtsbarkeit geknüpft.

---

[11] Ordonnance de la Marine von 1681, Buch 3, Titel 6, Art. 12 und 13. — W. Ebel, Sklavenversicherung und Sklavereiversicherung, Zeitschrift für Versicherungswissenschaft 1963, S. 224.

Das Loskaufrecht der Stadt Hamburg

Gegen die bisherigen Ausführungen könnte man vielleicht einwenden, daß der Autor nur einen Flickenteppich ausgerollt habe — zusammengefügt aus zeitlich und örtlich verschiedenen Teilstücken. Um diesem Einwand zu entgehen, möchte ich am Schluß dieser Studie ein zeitlich und örtlich geschlossenes Ganzes vorführen: Das Loskaufrecht in Hamburg am Beginn der Neuzeit. Die ersten Anregungen dafür verdanke ich Wilhelm EBEL.[1]

Lange Zeit habe ich gedacht, daß der großen Loskauforganisation der Trinitarier und Mercedarier im Norden nichts Vergleichbares gegenüberstehe. Warum? Waren Menschenraub und Loskauf im Norden kein so brennendes Problem? Ließ seit dem 16. Jahrhundert der Protestantismus, der die aktive Caritas bisweilen als Werkgerechtigkeit hintansetzte, keine Unternehmen nach Art der katholischen Loskauforden aufkommen? Stand die Enge des protestantischen Landeskirchentums solchen weltweiten Einrichtungen im Wege? Hamburg belehrt uns. Die Hansestadt hatte weite Beziehungen in die Ferne, sowohl zu Lande wie zur See. Die gedruckten Kämmereirechnungen der Stadt registrieren im 15. Jh. Ausgaben — Exposita — an und für Gefangene in „Dazien", also wohl in türkischer Hand. Beispiele[2]:

> Exposita 3. 47. Zeile 13 f. (1429): ad diversos usus captivorum nostrorum in Dacia detentorum, pro expensis per quosdam de eisdem captivis inter Daciam et nostram civitatem factis, necnon pro redempcione quorundam captivorum nostrorum, sicut in registro papireo continetur: 313 ℔ 6 ß 6 d.

> Exposita 3. 56. Zeile 16 f. (1432): ad usum civium nostrorum captivorum in Dacia et aliorum ibidem et pro redempcione ... prout in libro eorundem specialiter ad hoc destinato et collecto in toto et particulatim continetur: 7954 ℔ 17 ß 4 d.

Die Belege an Hand der Kämmereirechnungen ließen sich leicht vermehren. Hinsichtlich des Loskaufes über Land steht Hamburg im Mittelalter offenbar mit den meisten Handelsstädten in gleicher Reihe.

---

[1] W. EBEL, Sklavenversicherung und Sklavereiversicherung, a. a. O.

[2] Kämmereirechnungen der Stadt Hamburg, hg. vom Verein f. Hamburgische Geschichte, Bd. 2, 1869—1883, bearb. von Karl KOPPMANN, 1401—1470.

Hervorstechend aber ist seine Stellung als Loskaufmacht zur See.[3; 4] Hamburg trieb lebhaften Seehandel mit Portugal, mit Spanien und im Mittelmeer. Der Hamburger Pfarrer SCHUPPIUS sagt um 1650 treffend:

Die Schiffahrt macht, daß Hamburg ist klein Spanien und klein Portugal.[5]

Aber: Hamburgs Schiffahrt wurde eben deshalb dauernd und hart von algerischen Flotten bedrängt. Aufbringung der Schiffe und Versklavung der Mannschaften waren also auch für die Seefahrt des Nordens eine Dauergefahr. Ein schwarzer Tag für Hamburg ist vor allem der 22. Juni 1662 gewesen; an diesem Tage wurden gleichzeitig acht seiner Schiffe auf dem Wege nach Spanien von algerischen Korsaren gekapert. Man versuchte es nun mit der Konvoyfahrt[6]; aber ein Konvoy fiel leicht auseinander, wenn man kreuzen mußte, wenn die Nacht einbrach oder Nebel aufkam. England hat zur Ablösung von Kaperei und Menschenraub mehrere Verträge mit den Barbareskenstaaten geschlossen und ihnen ein Jahrhundert lang laufende Tribute entrichtet — so hatte es seine Ruhe, und dazu den Vorteil im Seefahrtswettbewerb, daß seine Schiffe allein im Seeverkehr nicht durch die Barbaresken belästigt wurden.[7] Hamburg hat einmal versucht, den gleichen Weg zu gehen: 1751 schloß es einen Frieden mit Algier.[8] Aber sofort protestierte Spanien, da Algier sein Erbfeind sei, und

---

[3] Friedrich HERRMANN, Über die Seeräuber im Mittelmeer und ihre Vertilgung. Ein Völkerwunsch an den erlauchten Kongreß in Wien. Lübeck 1815. P. D. W. TONNIES, Merkantilistisch-geschichtliche Darstellung der Barbareskenstaaten ... mit besonderer Hinsicht auf ... Hamburg. 228 Seiten, eine Karte. Selbstverlag, Hamburg 1826.

Für die Ausführungen über Hamburg ist auf folgende Bestände, die ich teilweise benutzen konnte, hinzuweisen:

Senat, Cl. VII, Lit. C a, No. 2, Vol. 3, Fasc. 1—24: „Sklaven und Sklaven-Cassa"; 16. Jahundert bis 1825.

Senat Cl. VIII, No. XXIX, Vol. A. Kirchenkollekten, Bestand 612-2/5: Seefahrer-Armenhaus.

Senat CL. VII, Lit. C a, No. 1: „Admiralität und Convoy überhaupt"; 15. Jahrhundert bis 1811.

Senat Cl. VII, Lit. C a, No. 3: „Von der Convoy in specie"; 17.—18. Jahrhundert.

Senat Cl. XI, Spec. Lit. S, No. 3, Vol. 2: „Cassa der Stücke von Achten", Fasc. 9, 10, 11; 1751, 1781, 1823/27, 1843.

[4] Ernst BAASCH, Hamburgs Convoyschiffahrt und Convoywesen. 519 S. Hamburg 1896.

[5] E. WISKEMANN, Hamburg und die Weltpolitik 1927, S. 97.

[6] Ernst BAASCH, Hamburgs Convoyschiffahrt und Convoywesen. Hamburg 1896.

[7] Friedrich HERRMANN, S. 180.

[8] Abdruck des Vertrages v. 22. 2. 1751 in den Supplementen zum Recueil von MARTENS (Berlin 1807), 2. 1. Vgl. Texte Nr. 11, S. 125. — Auch andere Länder haben solche Verträge geschlossen. Eine Übersicht findet sich bei Friedrich HERRMANN, Über die Seeräuber im Mittelmeer, Lübeck 1815, S. 103—206.

es verschloß den Schiffen Hamburgs seine Häfen; worauf dann Hamburg seinen Frieden mit Algier widerrief.[9] Nun stand Hamburg wieder an der gleichen Stelle wie vorher: bei Sklaverei und Loskauf.[10]

Wer vermögend war, konnte sich gegen dieses Risiko versichern; das preußische Allgemeine Landrecht, dessen Handelsrecht weitgehend den Vorschlägen hanseatischer Kaufleute folgt, bestimmt in II 8, § 1975:

> Auch die Freiheit eines Menschen kann gegen See- und Türkengefahr, barbarische Seeräubereien, feindliche Aufbringung oder Gefangenschaft versichert werden.[11; 12]

Aber eine solche wohlwollende Gestattung bot keine durchgreifende Lösung des vielfältigen Problems. Hier hat nun Hamburg im Vergleich zu anderen Städten und Ländern besonders frühe eigenständige und konstruktive Lösungen gefunden, zum Teil aus privater Initiative. Schon 1622 haben nämlich Hamburger Schiffer eine Loskaufkasse gegründet: die „Casse der Stücke von Achten", so genannt nach der Münze, in der damals alle Welt das Lösegeld an die Barbaresken entrichtete. Es ist der kastilische *peso de otto,* der acht *reales de plata* enthielt. Daher also „Casse der Stücke von Achten". Nach diesem Vorbild entstand 1624 eine weitere Sklavenkasse mit einem mehr öffentlichen Charakter; der Rat der Stadt war hier indirekt mitbeteiligt.[13] Diese Kasse ist wohl die erste obligatorische Sozialversicherung gewesen. Nach einem Mandat von 1653 war jeder Seemann, der auf Hamburger Schiffen fuhr, gleich ob In- oder Ausländer, verpflichtet, sich in die Sklavenkasse einzuschreiben. Die Abführung des Beitrages erfolgte (wie bei der modernen Sozialversicherung) durch den Schiffer unter Einbehaltung von der Heuer. Wörtlich: „die Schiffer sollen selbiges Geldt ihnen, den Schiffskindern, wieder zu kürtzen

---

[9] Friedrich HERRMANN, S. 189, 190.

[10] Über die Leiden Hamburgs durch die Barbaresken vgl. jetzt W. RIED, Deutsche Segelschiffahrt, 1974, insbes. S. 116—119, Die hamburgische Sklavenkasse.

[11] Für solche Versicherungen wurde in Lübeck 1783 die „Erste Assekuranz-Compagnie für Seerisiko und Türkengefahr", und 1784 die „Zweite Assecuranz-Compagnie für Seerisiko, Türken- und Feuersgefahr" gegründet, beide erloschen 1859 (Lüb. Arch., Mandatensammlung, Versicherungen, 48, 21).

[12] Den heutigen deutschen Versicherungsgesellschaften ist es durch eine Rundverfügung des Bundesaufsichtsamtes für das Versicherungswesen in Berlin untersagt worden, Versicherungen gegen Geiselnahme und erpresserischen Menschenraub zu gewähren. — Ohne Bedenken jedoch das englische Versicherungsinstitut Lloyd's in London.

[13] Ordnung der Schippern Allhier zu Hamburg, wegen der Cassa der Stücke von achten; o. O. u. J. [nach 1692], 18 Blätter; desgl. Hamburg 1816 (Nestler); 87 Seiten.

bemechtiget sein." Die Höhe des obligatorischen Beitrages war einmal gestuft nach dem Reiseziel (ob nach Norden und Osten, ob bis zum Kap Finisterre, ob zu den Kanarischen Inseln, oder gar ins Mittelmeer); sodann nach dem Stande des Seemannes (ob Schiffer, Lotse, Segelmacher oder Schiffsjunge). Diese Staffelung geschah nicht nur wegen der unterschiedlichen Zahlungskraft des Besatzungsmitgliedes, sondern auch deshalb, weil die Loskaufsummen in Algier selbst nach der Qualität der Gefangenen gestaffelt waren. Vom Loskauf sind diejenigen ausgeschlossen, *„welche beweißlich sich nicht haben weren, noch dem Schiffe treulich Assistenz leisten wollen"*: es ist das alte Erfordernis, daß der Gefangene *honore captus* sein muß. Die Leistungen der Kasse betrugen je Loskauf im 17. Jahrhundert etwa 200 Taler, im 18. Jahrhundert 500—600. Alt-Versklavte hatten beim Loskauf den Vorrang vor neu Versklavten. Die Gelösten hatten nach dem Loskauf ein Jahr lang die Hälfte ihrer Heuer und ihres Gewinnes an die Kasse abzuführen (eine konstruktive Lösung der immer wieder auftretenden Frage des Erstattungsanspruches; das römisch-mittelalterliche *Quinquennium* ist auf ein Jahr zusammengeschrumpft, und die persönlichen Dienste für den Loskäufer haben sich in eine Art Steuer verwandelt.[14])

Bis hierher klingt die Darstellung der Hamburger Sklavenkasse weltlich-modern. Aber auch das christliche Element war sinnvoll eingebaut. Ein Organ der Kasse, der sogenannte Sklavenvater, oft selbst ein Losgekaufter, ging mit einer vom Rat beglaubigten Liste der Gefangenen von Tür zu Tür und sammelte Gaben.[15] Die Liste wird tiefen Eindruck erweckt haben, denn damals noch kannte fast Jeder Jeden. Man konnte bei dieser Sammlung auch für einen individuellen Sklaven spenden, und dies war wohl sogar die Regel. Der Sklavenvater hatte in der Stadt eine Art von Sammlungsmonopol. Wohl deshalb wurden Bettelbriefe für individuelle Angehörige von Sklaven durch den Rat nur mit Gültigkeit außerhalb Hamburgs erteilt. Offenbar verfuhren oft auch andere Obrigkeiten so. Denn Italiener bettelten ihrerseits manchmal

[14] Mit Hamburg vergleichbare Regelungen hat Dänemark getroffen, namentlich auch für die Elbherzogtümer; dies geschah jedoch erst seit Anfang des 18. Jh.s (VO. v. 12. Nov. 1712 betr. die Versicherung der Seeleute gegen Gefangennahme durch türkische Seeräuber). J. Falkenhagen, Landesherrliche Maßnahmen zur Versicherung seefahrender Untertanen gegen Sklaverei und Kaperei durch die Barbaresken im 18. Jahrhundert, Schleswig-Holsteinische Anzeigen, Justizministerialblatt für Schleswig-Holstein, 1966, Teil A, Nummer 1 (mit reichen Belegen). — Eine Lübecker Sklavenkasse wurde — gewiß nach Hamburger Muster — 1624 gegründet; sie erlosch erst 1861. J. Falkenhagen, a. a. O., S. 3, Anm. 14.

[15] Der letzte Sklavenvater ist der 1748 losgekaufte hamburgische Seemann Claus Gerkens gewesen, gestorben 1801. W. Ried, S. 118.

für den Loskauf italienischer Gefangener in Hamburg, sei es als wirkliche Angehörige von Sklaven oder betrügerisch.[16]

Es gab nicht nur den Sklavenvater. Es wurde nämlich außerdem von Zeit zu Zeit in der Kirche für Gaben zum Zwecke des Loskaufes gepredigt. Vor der Kirche stand dann ein großes Becken, daneben ein auf Pappe gemalter Sklave, der die Gaben entgegennahm („Beckengeld"). Bisweilen stand auch eine kleine Holzfigur neben dem Opferstock, ein gefesselter Sklave, der um Gaben heischte.[17] Aber auch Geldstrafen flossen nach altem Städtebrauch in die Sklavenkasse und erhöhten den Fonds; endlich auch Vermächtnisse.

Der Verwalter der Kasse war über die Höhe der vorhandenen Mittel zur Geheimhaltung verpflichtet; wörtlich: „damit man in Turkeien kein gewisses facit daruff machen, undt die Gefangenen desto höher schätzen möge".

---

[16] Staatsarchiv Hamburg, Cl. VII, Lit. Ca, Nr. 2, Vol. 3, Fasc. 8: Correspondenz mit dem Herrn Oberpräsidenten zu Altona wegen Nichtduldung der sogenannten Italianer, welche angeblich für ihre in der Türckischen Gefangenschaft seyende Anverwandten Almosen sammeln (1745).

[17] Vgl. unten, Abb. 3 und S. 134.

Ausblick

Diese Studie hat vielleicht gezeigt, wie sehr der Loskauf in der Vergangenheit einerseits gute Institution gewesen ist — und wie sehr auch wieder ratlos tastende Stümperei. Als Thomas JEFFERSON 1785 mit den Piraten des Maghreb verhandelte, da bekannte er, er stünde *between indignation and impotence.* Unsicherheit in den Prinzipien und in den Mitteln beherrscht ja auch den Loskauf Gefangener in der Gegenwart. Die katholischen Loskauforden und die Sklavenkasse in Hamburg sind demgegenüber großartige historische Versuche zur Bewältigung der Unfreiheit. Das Ergebnis war — um es mit einem modernen Wort zu bezeichnen — bloße Systemkorrektur; und für diese soll ja kennzeichnend sein, daß sie letztlich das schädliche System sogar befestige. In unserem Falle trifft das auch zu. Dieser Circulus vitiosus von Sklaverei und Loskauf ist im Mittelmeer erst durch kriegerische Maßnahmen gesprengt worden, insbesondere durch die Aktionen Frankreichs zwischen 1827 und 1850, an deren Ende vor allem Algerien den Status einer französischen Kolonie erhielt.

100 Jahre lang hat die abendländische Welt in der Folge keine Sklaverei und keinen Loskauf Gefangener gekannt. Erst heute sind wir wieder vor ähnliche Probleme gestellt[1]: *between indignation and impotence.* Zwischen Unwillen und Ohnmacht.

Es ist ein Bedürfnis des modernen Menschen, „aus der Geschichte zu lernen". So könnte man auch bei unserem Thema die Frage stellen, was sich daraus für Gegenwart und Zukunft entnehmen ließe. Hierzu seien dem Verfasser einige persönliche Gedanken gestattet.

Die Institution des Loskaufes erklärt sich für das Mittelalter aus der besonderen Art der Gefangenschaft. Krieg und Fehde richten sich nicht nur gegen

---

[1] Das deutsche Strafgesetzbuch enthält aus seinen alten Tagen — Mitte des 19. Jahrhunderts — eine Vorschrift über Menschenraub (§ 234). In einem Strafgesetzentwurf vom Jahre 1927 wollte man die Bestimmung streichen, da sie praktisch nicht mehr zur Anwendung komme. Auch im Entwurf von 1962 war ihre Übernahme in das neue Gesetz nicht vorgesehen. Nach einem Jahrzehnt jedoch hatte die kriminalistische Situation sich so verändert, daß das heute geltende 12. Strafrechtsänderungsgesetz die alte Vorschrift nicht nur beibehielt, sondern zwei zusätzliche Straftatbestände schuf: den Erpresserischen Menschenraub und die Geiselnahme (§§ 239 a und b).

die eigentliche Streitmacht des Gegners, sondern sie sind „total": Land und Leute sind einbezogen. Die Forderung von Loskaufgeldern ist daher eine Kommerzialisierung des Fehde- und Kriegsrechts (häufiger noch eines Pseudofehderechts) gewesen. Folgerichtig verschwand mit dem Wegfall der Fehden und mit der Beschränkung des Krieges auf rein militärische Maßnahmen seit dem 17. Jh. auch weitgehend das Loskaufwesen. Diese Wandlung ist ein Gewinn der Epoche der sog. Kabinettskriege gewesen. Doch nicht ein bleibender. Denn seit den Napoleonischen Kriegen tritt der Volkskrieg in den Vordergrund, und mit ihm wird im 20. Jh. immer unbedenklicher auch der einzelne unbewaffnete Volksangehörige zum Gegenstande des Angriffes. So wie die Waffen ziemlich unbedenklich auch gegen Zivilpersonen gerichtet werden, so werden unbedenklich auch Zivilpersonen in die Gefangenschaft geführt. Und so wie die Kriegswirklichkeit im Mittelalter oft zur Pseudofehde entartete, so in der Neuzeit zum Kalten Krieg. Auf diesem vergifteten Boden gedeiht die Gefangennahme von Zivilpersonen, sei es mit einem fadenscheinigen Grunde, sei es gar ohne ihn, und folgerichtig entfaltet sich auf diesem Boden wie in alten Zeiten das Aushilfsmittel des Loskaufs.

Diese nach den beiden Weltkriegen veränderte Wirklichkeit wird in der Gesellschaft der Völker achselzuckend als Rechtstatsache geduldet oder geübt. Dementsprechend entstehen in unserer Epoche auch private Verbrechergruppen, die mit politischen Begründungen den Menschenraub und den Erpresserischen Menschenraub betreiben und dafür aus der Parallele zum Kalten Krieg moderner Volksstaaten Rechtfertigungsgründe für sich herleiten möchten. Doch abgesehen davon, daß keine private Gruppe sich selber einen völkerrechtlichen Status zulegen kann, ist vor allem kein Rechtfertigungsgrund auszudenken, der schlechter wäre als der Hinweis auf die politische Praxis mancher moderner Staaten. Denn diese selber ist — mittelalterlich gesprochen — *mala consuetudo.* Aber solange weder im Raume der Verbrechensverfolgung noch in dem der Staatenpraxis die Abhilfe gelingt, wird der in der Neuzeit wiedererstandene Loskauf zum Bilde der Gegenwart gehören, sei er offen geübt oder verdeckt: als notwendige Korrektur gegenüber einer noch oder wieder unbewältigten Gegenwart.

Exkurse

1. Atilius Regulus

Der Loskauf und der Austausch von Kriegsgefangenen sind nahe miteinander verwandt — so nahe wie im Privatrecht der Kauf mit dem Tausch. Über Austauschverhandlungen zwischen Rom und Karthago berichtet Livius folgendes: Der römische Konsul M. Atilius Regulus, von den Karthagern im Zweiten Punischen Krieg besiegt und gefangen, sei von den Siegern nach Rom geschickt worden, um über einen Frieden, und wenn dieser nicht zu erlangen sei, über einen Austausch der Gefangenen zu verhandeln; er selber aber habe dem Senat widerraten, sei jedoch seinem Eide getreu in die Gefangenschaft zurückgekehrt und dort von den Karthagern getötet worden[1]:

> Regulus missus a Carthaginiensibus ad senatum ut de pace et si eam non posset impetrare de commutandis captivis ageret, sed iure iurando adstrictus, redditurum se Carthaginem, si commutari captivos non placuisset, utrumque negandi auctor senatui fuit, et cum fide custodita reversus esset, supplicio a Carthaginiensibus de eo sumpto periit.

Dieser Bericht, obwohl bei vielen anderen antiken Geschichtsschreibern bezeugt[2], ist heute als Legende erkannt[3]. Er war bestimmt, ein römisches Staatsethos zu preisen, das sich auch im Unglück bewährt. Doch auch die Legende ist bisweilen ein Motor der Geistesgeschichte — hier der politischen Geistesgeschichte. Atilius Regulus hat nicht nur in der Antike, sondern auch in der Renaissance und darüber hinaus als Vorbild staatlicher Hochgesinnung gegolten. Der Loskauf wird hier erkennbar als Problem der politischen Ethik, und dies ist es, was die antiken Berichte über Regulus für uns bedeutsam macht.

Regulus ist eine urkundlich bezeugte Gestalt, bezeugt vor allem durch die Fasti Capitolini als Konsul des Jahres 267 sowie als consul suffectus 256. Die Römer hatten 256 eine Flotte von 330 Schiffen und ein Heer von 4 Legionen unter dem Befehl des Regulus nach Afrika geschickt. Nach großen Erfolgen der Römer waren die Karthager zu Friedensverhandlungen bereit, doch stellte Regulus so harte Bedingungen, daß die Karthager von neuem den Kampf auf-

---

[1] Livius per XVIII.

[2] Weitere Zeugnisse bei P. v. Rohden in: RE II, 2 (1896), Sp. 2086—92.

[3] H. Kornhardt, Regulus und die Cannaegefangenen, Hermes 82 (1954), S. 85 f.

nahmen. Unter dem Oberbefehlshaber eines spartanischen Söldnerführers, Xanthippos, brachten sie dem römischen Heer eine nahezu totale Niederlage bei. Regulus selbst geriet in Gefangenschaft. Soweit der historisch feststehende Sachverhalt. Schon die Tatsache einer Entsendung des Regulus nach Rom ist jedoch zweifelhaft; immerhin hat noch L. Ranke sie als historisches Faktum anerkannt[4].

Die heroische Legende ist — so scheint es — erfunden worden, um einen Makel auf dem Ehrenschild des Geschlechtes der Reguli zu tilgen. Ein Exzerpt aus der Erzählung Diodors berichtet wie folgt[5]: Zwei vornehme Karthager in römischer Hand, Bodostor und Hamilkar, waren der Familie des Regulus in Rom als Unterpfand für gute Behandlung des Gefangenen Regulus vom Senat übergeben worden. Die Gattin des Regulus erfuhr, daß ihr Gemahl in der Gefangenschaft gestorben sei, und sie schrieb seinen Tod einer mangelhaften Ernährung zu. Darauf sperrte sie die Geiseln auf engstem Raume ein und ließ sie hungern. Bodostor starb. Die Haussklaven machten Anzeige, der Senat schritt ein und machte dem Treiben des zornigen Weibes ein Ende.[6] Die Regulus-Legende soll anfangs das Verhalten der Gattin rechtfertigen; deshalb wird der Tod des Regulus nach der Szene im römischen Senat angesetzt, deshalb soll er auch unter grausamen Martern eingetreten sein. Noch später entfällt die Rache an den Geiseln, es bleibt allein das politische Geschehen.

Auch Mythen machen Geschichte. Bei Cicero findet der Tod des Regulus fürs Vaterland häufig Erwähnung (De off I 39, III 99; De senectute 74 u. ö.). Horaz benutzt den Mythos, um eine nationale Ideologie zu begründen, die sich gegen den Austausch und Loskauf von Kriegsgefangenen wendet. Diese Gedanken finden sich bei ihm in der Römerode Carm. III 5, der sogenannten Regulus-Ode. Der Dichter zürnt darüber, daß römische Krieger als Gefangene die Töchter der Sieger geheiratet haben. Solche Schande hat vormals Regulus vorausgesehen, deshalb war schon Regulus jedem Austausch Gefangener abhold:

Das war's, wovor des Regulus Sehergeist
Voreinst gewarnt hat, als er von hinnen wies
Den schnöden Antrag ...

Denn wer sich einmal ergeben hat, wird nie wieder mutig sein —

Qui lora restrictis lacertis
Sensit iners timuitque mortem.

Deutlich sieht man hier die nationale Ethik im Konflikt mit dem Völkerrecht der Zeit, das den Gefangenenaustausch kannte und mit gutem Grunde schätzte.

---

4 L. Ranke, Weltgeschichte II, 185.

5 Diodor XXIV, 12.

6 Näheres bei P. v. Rohden, Atilius in: RE II, 2, Sp. 2089 f.

Für die spätere Nachwelt hat freilich der Schwerpunkt der Reguluslegende an anderer Stelle gelegen: In der Erfüllung der angelobten Rückkehr in die Gefangenschaft und im Erdulden der Haft bis zum bitteren Ende. Für beides bieten Mittelalter und Renaissance, zum Teil unter dem Eindruck der Regulus-Legende, reiche Belege. Vgl. die Exkurse Franz I, König von Frankreich (S. 88), Ferdinand, Infant von Portugal (S. 84).

2. Cervantes

Cervantes, der große spanische Dichter und Schöpfer des Don Quijote, ist nach 5 Jahren harter maurischer Gefangenschaft losgekauft worden. Seine Erlebnisse hat er selbst in seinem Schauspiel „Der Sklave von Algier“ dargestellt.

Miguel de Cervantes Saavedra wurde 1547 zu Alcalà de Henares aus altadligem Geschlecht geboren.[1] Er studierte in Salamanca und in Madrid. Seine ersten dichterischen Versuche fanden nur geringes Echo. Aus Verstimmung darüber ging er in die weite Welt. 1570 nahm er Dienste bei der spanisch-neapolitanischen Marine und kämpfte mit Tapferkeit unter Don Juan d'Austria in der Schlacht von Lepanto (1571). Das Kriegsschiff, auf dem er Dienst tat, „La Marquesa“, enterte das feindliche Flaggschiff; 500 Türken wurden getötet, die ägyptische Reichsfahne erobert. Cervantes war an diesem Erfolg hervorragend beteiligt. Ein Gewehrschuß zerschmetterte damals seine linke Hand, die für immer verstümmelt blieb. Trotzdem finden wir ihn 1572 in einem neuen Feldzug vor Modon und beim Sturm auf Navarino — dieser freilich ein mißlungenes Unternehmen, das Cervantes in seiner „Geschichte des Galeerensklaven“ erzählt.[2] 1575 nahm er den Abschied. Mit seinem Bruder Rodrigo schiffte er sich auf der Galeere „El Sol“ ein, die ihn heimbringen sollte. Das Kostbarste, was auf der Heimreise er mit sich führte, waren lobende Empfehlungsschreiben an den König von Spanien aus der Hand seiner hohen Vorgesetzten, des Don Juan d'Austria und seines letzten Regimentskommandeurs, des Herzogs Carlos von Sesa und Terranova. Diese Urkunden sollten dem Heimkehrer freilich zum Verhängnis werden. Denn am 26. September 1575 wurde das Schiff von algerischen Korsaren angegriffen und mußte die Flagge streichen. Im Hafen von Algier teilten die Sieger ihre Beute. Cervantes fiel einem griechischen Renegaten Hassan zu, der eine Galeone von 20 Ruderbänken befehligt hatte. Der Renegat schloß aus den Empfehlungsschreiben, die er im Gepäck des Cervantes fand, daß dieser eine Persönlichkeit von höchster Stellung sein müsse. Er erhoffte daher ein außerordentlich hohes Lösegeld, belud seinen Gefangenen mit schweren Ketten und bewachte ihn peinlich. Trotzdem machte Cervantes zahlreiche Fluchtversuche. Der erste Versuch, bereits 1575, schlug fehl. Cervantes hatte damals mit 14 Leidensgefährten die Flucht verabredet. Zu diesem Zweck kauften die so Entschlossenen einen Gefangenen aus ihrer Mitte mit eigenen Mitteln los, damit er nach der Heimat zurückkehre und von dort aus an einem bestimmten Tag an der Küste anlege, um auch die anderen

[1] Lebensbeschreibungen des Cervantes bieten folgende Werke: A. Bonilla y San Martin, Cervantes y su obra, 1916; J. Fitzmaurice-Kelly, Miguel de Cervantes Saavedra, Oxford 1913, span. 1917; R. Schevill, Cervantes, New York 1919; vgl. auch J. Sedo Peris-Mencheta, Catálogo bibliografico de la Biblioteca cervantina, Barcelona 1935.

zu befreien. Der Plan, fast zur Ausführung gediehen, scheiterte durch das zufällige Herbeikommen einiger Mauren, als man eben im Begriff war, das Schiff zu besteigen.

Die Art des Fluchtversuches wirft Licht auf den Status der *cautivi* und auf die rechtliche Seite des Loskaufs. Die Gefangenen besitzen Geld (ein *peculium*, vgl. oben S. 18); der Loskauf aus dem *peculium* kam vor und weckte als solcher keinen Verdacht. Ob der Empfänger der Loskaufsumme in unserem Falle die Herkunft des Geldes gekannt hat, ob ihm vielleicht vorgetäuscht worden ist, daß der Befreite in der Heimat als ordnungsmäßiger Loskaufbote der übrigen tätig werden sollte — diese näheren Umstände erfahren wir nicht.[2]

Im Sommer 1576 wurde ein Freund des Cervantes, der Fähnrich Gabriel de Castañeda, ausgelöst. Cervantes gab ihm Briefe an seinen Vater nach Alcalà mit. Der Vater opferte alles, was er besaß, seine beiden Schwestern sogar ihre Mitgift, um Cervantes und seinen Bruder loszukaufen. Aber dem Gebieter schien die angebotene Summe für Cervantes im Hinblick auf die erbeuteten Empfehlungsschreiben zu niedrig, er ließ daher nur den Bruder Rodrigo ziehen.

1577 machte Cervantes einen neuen Fluchtversuch. Auch dieser wurde verraten. Nach dem Gesetz des Landes gehörten alle entlaufenen Gefangenen dem Dey von Algier. Der Dey legte Cervantes in Ketten. Er lieferte in der Folge seinen Gefangenen zunächst an dessen Vorbesitzer aus, kaufte ihn aber alsdann für 500 Taler zurück, weil er hoffte, ein noch weitaus höheres Lösegeld erzwingen zu können. Solche Verträge, man könnte sie mit einer *emptio spei* vergleichen, gab es auch auf dem christlichen Kontinent, so z. B. über die gefangenen Könige Richard Löwenherz und Waldemar von Dänemark.[2a]

Wir übergehen die weiteren Befreiungspläne des Dichters, ebenso seinen Plan, einen Aufstand der 25 000 gefangenen Christen in Algier zu entfachen.[3] Denn noch während dieser Pläne landete — im Mai 1580 — in Algier ein Loskaufschiff der Trinitarier unter der Leitung der Mönche Juan Gil und Antonio de la Bella. Diese überbrachten für Cervantes ein Lösegeld, aufgebracht von seiner Familie. Es waren 300 Dukaten, 250 von seiner Mutter — der Vater war inzwischen gestorben — und 50 von seiner Schwester Andrea. Man sieht, daß der Orden der Trinitarier nicht nur aus eigenen Mitteln und eigener Initiative den Loskauf betrieb, sondern auch Aufträge von Angehörigen entgegennahm und die Geldsummen übermittelte; sein gleichsam exterritorialer Status machte ihn für solche Geschäfte geeignet.

---

[2] Don Quijote I, 39.

[2a] Oben S. 28, 44.

[3] Ein solcher Aufstand war einige Jahrzehnte zuvor gelungen, nämlich während der Operationen Karls V. gegen Hayreddin Barbarossa. Im Juli 1535 erhoben sich in Tunis 8000 Christensklaven und besetzten die Zitadelle.

Das Schiff der Trinitarier kam im äußersten Augenblick, denn Cervantes war bereits auf einer Galeere angeschmiedet, die ihn nach Konstantinopel bringen sollte. Noch jetzt gab es Schwierigkeiten: Der Dey, immer noch in dem Wahne, einen überaus wertvollen Sklaven zu besitzen, verlangte wiederum ein wesentlich höheres Lösegeld, nämlich 1000 Goldtaler. Nur dem inständigen Bitten des Trinitariermönches Juan Gil gelang es, die Freiheit für Cervantes zu erwirken. Im Oktober 1580 betrat Cervantes — noch in algerischer Sklavenkleidung — den Boden Spaniens.

Cervantes hat seine Erlebnisse in der Sklaverei bis hin zu seiner Befreiung durch Loskauf in einem Schauspiel dargestellt, das schon 1581, also kurz nach seiner Rückkehr aus der algerischen Sklaverei, erschienen ist: Der Sklave in Algier, mit dem Untertitel „Schauspiel, verfaßt von Miguel de Cervantes, der dort sieben Jahre lang gefangen war."[4]

Um jene Zeit gab es in Spanien viele Berichte echter und falscher Christensklaven, dem Bänkelsang ähnlich, die dem Darsteller Geld einbringen sollten und höchstens eine vorübergehende Rührung auslösen konnten.[5] Cervantes jedoch verfolgte in seinem Schauspiel ein größeres Ziel: Er wollte nationale und christliche Leidenschaft für einen Kreuzzug gegen den Islam und für die Eroberung Nordafrikas entfachen. Der Grundton seines Werkes ist daher keineswegs larmoyant. Das Leid findet zwar packenden Ausdruck, aber daneben auch die Komik, die Alltäglichkeit, die Wirklichkeit. So ist Cervantes' Sklave von Algier — als Dichtung — wohl die genaueste Schilderung der Sklaverei im 16. Jahrhundert, die wir besitzen. Wir erleben den Sklavenmarkt zu Algier, das Abtasten der „Ware", die peinvolle Untersuchung der Zähne durch Kauflustige, die Gespräche der Sklaven untereinander, vor allem wenn der junge Sohn von der Mutter getrennt werden soll. Wir erleben die Standhaftigkeit der Starken, den Opportunismus der Schwachen; die Versuchung, dem Glauben abzuschwören, die Verlockung auch, durch Liebe und durch Vermählung mit Ungläubigen das eigene Los zu erleichtern (schon Horaz hatte seinen Zorn gegen diesen Ausweg gerichtet).[6] Der Dichter selber tritt in diesem Schauspiel als spanischer Sklave Saavedra auf, er trägt Verse aus der „Epistel" vor, um damit Kreuzzugseifer zu wecken.

---

[4] Spanischer Titel *El trato de Argel.* — Obras Completas de Miguel Cervantes Saavedra, hg. von Rudolfo Schevill und Adolfo Bonilla, Madrid 1914—1941. — Unsere Darstellung folgt der Gesamtausgabe Miguel de Cervantes Saavedra, 4 Bde, Stuttgart 1968, darin Bd. III. hg. und übers. von M. Rothbauer, daselbst S. 649.

[5] Rothbauer, S. 24.

[6] Horaz Carm. III, S. 5. — Regulus-Ode; vgl. oben S. 77.

Auch vom Loskauf handelt das Schauspiel. Das ärgerliche Faktum, daß gute Zahlungssitten die Preise heraufschnellen lassen, wird fast humorvoll dargestellt; der maurische König Hassan sagt über die Spanier und Portugiesen[7]:

Sie alle haben eine große Tugend:
sie stehen stets zu dem gegebnen Wort.
In dieser Meinung seh' ich mich bestätigt
durch beide Sosa, edle Portugiesen.
Auch Don Francisco de Meneses stärkte
mir das Vertrauen, das ich so gewonnen.
Sie alle hatte ich auf Ehrenwort
nach Spanien entlassen, und sie zahlten.
Auch Don Fernando de Ormaza gab
die Freiheit ich aufs Wort, und wie erwartet,
schon einen Monat, eh die Frist verstrichen,
bezahlte er und stellte mich zufrieden.
So geb' ich gern sie frei zu meinem Vorteil,
verschafft mir dies doch reichlichen Gewinn,
denn da sie sich dem Wort verpflichtet fühlen,
verlange ich ein dreifach Lösegeld.

Der Loskauf bildet auch das glückliche Ende des Schauspiels, es naht das Löseschiff, es bringt den Trinitariermönch Juan Gil, denselben, der auch in Wirklichkeit den Loskauf des Cervantes zustande gebracht hatte[8]:

Francisco:
Gib Botenlohn, Aurelio, denn aus Spanien
ist eingelaufen jetzt ein Schiff. Sie sagen,
es sei das Löseschiff und mit ihm komme
ein Trinitariermönch von großem Ansehn,
ein Freund von guten Werken, der zuvor schon
in diesem Lande hilfreich ist gewesen,
als Christen er von ihren Ketten löste.
Er soll so gut sein wie nur selten einer.
Fray Juan Gil ...

Aurelio:
Und ihm zur Seite steht
Fray Jorge Olivar, ein Mercedarier,
der ebenfalls in diesem Lande war,
der gleicher Güte ist und frömmster Art,
der selbst, nachdem er zwanzigtausend Gulden
— soviel er hatte — Lösegeld gezahlt,
für siebentausend weitre blieb als Bürge.
O Christenliebe! Frommes, heil'ges Herz!

---

[7] 4 Aufzug (S. 738).

[8] Ebenda (S. 742).

2. Cervantes

Ein lebhaftes und zum Teil auch treues Bild des Sklavendaseins in Tunis bietet Cervantes in seinem Don Quixote I 39—41, wo ein heimgekehrter Sklave in Don Quixotes Gegenwart seine Schicksale erzählt (rauhe Wirklichkeit gegenüber der Traumwelt des Don Quixote). Die lebensnahe Erzählung enthält teils autobiographische Züge des Dichters, teils läßt der Dichter den Sklaven von einem Mitgefangenen, dem „Soldaten Saavedra" (= Cervantes) erzählen: „Wäre die Zeit nicht zu kostbar, so würde ich Euch jetzt einiges von dem berichten, was jener Soldat getan hat, und was Euch mehr unterhalten und in Staunen setzen dürfte als wenn ich Euch meine eigene Geschichte erzählte" (Kap. 40).

Der Sklave erzählt, wie er selbst in sarazenische Kriegsgefangenschaft geriet, wie er sich aber durch eigene Geschicklichkeit befreit und glücklich die Heimat erreicht habe. In seinen Bericht sind viele instruktive Einzelheiten eingestreut: heimlicher Verkehr zwischen Sklaven und Sarazenen; Almosenspenden von Sarazenen an die Sklaven; Schilderung des Sklavengewandes; Renegatentum; Renegaten, die in christliche Lande zurückkehren wollen, lassen sich von vornehmen Sklaven Empfehlungsschreiben des Inhalts ausstellen, daß sie rechtschaffen wären, die Sklaven gut behandelt hätten und zu fliehen beabsichtigten — einige tun das in guter Absicht, andere, um ein Doppelspiel zu treiben; Unzuverlässigkeit solcher Sklaven, die im Einverständnis ihrer Schicksalsgenossen fliehen sollen, um dann später die Zurückgebliebenen zu befreien; Schwierigkeiten des Loskaufes von Gefangenen, die der Stadtkommune gehören („Magazinsklaven"), da nur persönliche *domini* einem Loskaufgeschäft geneigt sind; Gefangene, für welche Loskaufverhandlungen schweben, sind durch eine besondere Art der Kette gekennzeichnet; Gefangene, für welche die Loskaufverhandlungen stocken, erhalten besonders harte Arbeit, als solche gilt Waldarbeit; gelegentlich verschmäht es ein Gefangener, an seine verarmte Familie wegen eines Loskaufes heranzutreten[9]; heimgekehrte Gefangene küssen den Erdboden ihrer christlichen Heimat und betreten eine Kapelle.

---

[9] Vgl. dazu den Loskaufverzicht im staatlichen Bereich durch Friedrich den Großen (historisch), durch Atilius Regulus und den Infanten Ferdinand (legendär) und durch Lessings Philotas (literarisch), Seite 76, 95, 128.

3. Ferdinand, Infant von Portugal

„Der standhafte Prinz"

Die Gestalt des Infanten Ferdinand bietet das schmerzliche Beispiel eines großgeplanten, aber gescheiterten Loskaufversuches. Die folgende Darstellung stützt sich vor allem auf das Werk von A. E. SLOMAN, The Sources of Calderons El Príncipe Constante.[1]

Ferdinand war ein Sohn König Johannes I. von Portugal und Bruder Heinrichs des Seefahrers. 1437 setzte er zusammen mit seinem Bruder nach Afrika über, um den Mauren Tanger zu entreißen. Das Unternehmen mißlang, das portugiesische Heer wurde eingeschlossen. Am 16. 10. 1437 kam mit dem Gegner ein Abkommen über den freien Abzug des portugiesischen Heeres zustande; die wichtigste Gegenleistung sollte die Rückgabe der Stadt Ceuta sein, welche Prinz Heinrich 1415 erobert hatte. Für die Erfüllung dieses Vertrages wurden 12 portugiesische Geiseln gestellt, darunter — durch Los erkoren — Prinz Ferdinand.[2] Während die Portugiesen sich einschifften, wurden sie vertragswidrig von den Mauren überfallen. Die Flotte konnte erst nach heftigen Kämpfen teils nach Ceuta teils nach Portugal zurückkehren, mit ihr Prinz Heinrich, der Leiter der Expedition.

War durch die Vertragsverletzung seitens der Mauren der Vertrag als ganzer hinfällig geworden? War der Verzicht auf Ceuta jetzt gegenstandslos? Hatte der Infant einen Anspruch, aus der Geiselhaft entlassen zu werden? Das waren subtile Fragen des Völkerrechts. Ihnen stand eine harte Tatsache gegenüber: verweigerte Portugal die Herausgabe von Ceuta, so war auf eine Freilassung des Infanten nicht zu hoffen. In der Tat bestand der maurische König auf Erfüllung des Vertrages, und auch Ferdinand bat in einem Brief um baldige Befreiung gegen die Abtretung von Ceuta.

Ceuta liegt auf einer Halbinsel der Nordküste von Afrika, Gibraltar gegenüber. Es war ein portugiesischer Brückenkopf von größter strategischer Bedeutung, vergleichbar im Mittelalter der Stadt Calais in der Hand der Engländer auf dem europäischen Kontinent. Ceuta war der Schlüssel zum Mittelmeer und

---

[1] A. E. SLOMAN, The Sources usw., Oxford 1950.

[2] Hier erscheint ein Wort über den Begriff des Geisels notwendig, weil dieser heute durch ungenaue Anwendung auf Delikte gegen die persönliche Freiheit, ja sogar durch Übernahme in die Sprache des geltenden Strafrechts, an Präzision verloren hat. Der Geisel der Rechtsgeschichte ist eine legitime Rechtsfigur namentlich des Völkerrechts, sei es als freiwillig gestellter oder als geforderter Geisel. Oft wurden Geiseln wechselseitig zur Bekräftigung eines Freundschaftsvertrages gestellt; die korrekte Behandlung der Geiseln gehört zu den frühesten und anerkanntesten Regeln des Völkerrechts. Nur ein verfallener Geisel steht unter anderen Regeln. — A. LUTTEROTH, Der Geisel im Rechtsleben, 1922.

Operationsbasis gegen Afrika. Daraus ergab sich eine fast unlösbare Konfliktlage. Die Staatsraison stand im Widerstreit mit einem Gebot, das damals unverletzlich war: der Auslösung eines Prinzen von Geblüt aus der Geiselhaft. 1438 wurde die Frage in den portugiesischen Cortes verhandelt. Die Meinungen waren geteilt. Der Adel entschied sich für die Befreiung des Prinzen unter Hingabe von Ceuta. Die Gruppe um Prinz Heinrich stellte das strategische Interesse in den Vordergrund und gedachte diesem Interesse den Infanten Ferdinand zu opfern. Ähnlich der Erzbischof von Lissabon, dieser mit der Begründung, daß die Aufgabe von Ceuta eine Entweihung der dortigen christlichen Kirchen zur Folge haben würde („Ceuta gehört Gott").

Eine dritte Gruppe trat mit einem Vermittlungsvorschlag hervor: Ceuta zu behalten und den Infanten aus der Geiselhaft loszukaufen. Der Versuch wurde unternommen. Er dürfte eines der größten Loskaufprojekte der europäischen Geschichte darstellen. Der Plan überstieg die Finanzkraft Portugals. Infolgedessen ergingen finanzielle Hilferufe an den Papst und an die christlichen Könige Europas, insbesondere an Aragon, Kastilien, Frankreich, England. In der Tat stand ein Gesamtinteresse des christlichen Abendlandes auf dem Spiel, wenn Ceuta aufgegeben wurde. Der Papst aber antwortete ausweichend, und die christlichen Könige beschränkten sich darauf, für das Festhalten Portugals an Ceuta einzutreten.

So rückten die Dinge nicht von der Stelle. Eine Wendung zugunsten des Infanten schien sich freilich anzubahnen, als König Eduard starb, der in seinem Testament die Opferung Ceutas um der Befreiung seines Bruders willen verlangt hatte. 1441 landete deshalb eine portugiesische Abordnung in Ceuta. Aber die Mauren hatten ihre Forderungen so verschärft, daß sie unannehmbar waren. Unter diesen Umständen wurde Ferdinand von seinen Gewalthabern an den Sultan von Fez ausgeliefert, der den Prinzen, juristisch zutreffend, als verfallenen Geisel betrachtete und daher als Sklaven behandelte.[3]

Der Prinz ertrug sein Los mit Standhaftigkeit, bis er seinen Mißhandlungen am 5. Juni 1443 in Fez erlag. Seinen Leichnam hängten die Feinde zum Hohn, einbalsamiert, an den Toren der Stadt Fez auf. 1451 wurden sein Herz und seine Eingeweide von entlassenen Mitgefangenen heimgebracht. 1470 wurde er heilig gesprochen. 1473 gelang es endlich, seinen Leichnam gegen maurische Gefangene auszulösen und nach Portugal zu überführen.[4] Er wurde in der Abtei Batalha beigesetzt.

---

[3] Über verfallene Geisel vgl. W. Ogris in HRG I, Sp. 1448 (in fränkischer Zeit Tötung, im Mittelalter Kerkerhaft, oft mit Festlegung eines Lösegeldes).

[4] Vgl. dazu die Auslösung der Leiche Hektors in der Ilias, oben S. 49.

Ferdinands Leiden hat ein Augenzeuge der Nachwelt überliefert: der Chronist Joam Alvares, der gleichfalls zu den in Tanger zurückgelassenen Geiseln gehört hatte.[5]

> Wie schon die Aufzählung der nüchternen Fakten verrät, schrieb die Geschichte hier selbst eine nationale und christliche Tragödie, die in dem Zeitalter Philipps, als Portugal der spanischen Monarchie einverleibt war, als exemplarisches Heldenleben in aller Munde war. Sie bedurfte nur geringer heroischer Retouchen, um zum zeitlosen Symbol eines sich erst im Tod erfüllenden christlichen Rittertums zu werden (Franz W. MÜLLER).

Eine für unser Thema bedeutende Retouche besteht darin, daß der historische Ferdinand, welcher mehrfach auf seine Befreiung gegen Preisgabe von Ceuta gedrängt hatte, nunmehr als „Standhafter Prinz" erscheint, der Gefangenschaft und Tod vorzieht, wenn nur die Festung Ceuta bewahrt bleibt. Dem Leser dieses Buches drängt sich die antike Parallele zu Atilius Regulus auf (oben S. 76). Auch Regulus ist erst in einem späteren Zeitpunkt der römischen Geschichte heroisiert worden, indem ihm ein politischer Rat gegen sein eigenes Interesse angedichtet wurde. Zuerst erscheint der Infant Ferdinand als ein solcher Märtyrer in den „Lusiaden" des Camões, des größten Dichters Portugals (um 1570), und wirklich wird die Heroisierung des Infanten hier mit der des Regulus verglichen.[6] Das ergibt sich aus Buch IV Stanzen 52 und 53, wo der Dichter über König Eduard von Portugal Kunde gibt:

> Gefangen sah er seinen heilgen Bruder,
> Fernando, der so hohe Tat erstrebte,
> Daß, um das eingeschlossne Volk zu retten,
> Er sich den Sarazenen gab in Haft.
> Ums Vaterland allein führt er ein Leben,
> Aus Herrschaft nun verkehrt in Sklaverei,
> Daß nicht um ihn sich opfre Ceutas Veste:
> Denn mehr schätzt er des Staates Wohl als seins.
> Es ließ Codrus, damit der Feind nicht siege,
> Das Leben eher durch den Tod besiegen,
> und REGULUS, das Vaterland zu retten,
> Will lieber seine Freiheit scheitern sehn.
> Doch dieser, daß Hispanien nicht verzage,
> Erbietet sich zu ew'ger Sklaverei.[7]

---

[5] Edgar PRESTAGE, The portuguese pioneers (dt. Übers. in Goldmanns Taschenbüchern, ohne Jahr), Kap. 3 und 8.

[6] Daß die Regulusgeschichte Legende ist, wird erst im 17. Jahrhundert erkannt, nämlich durch den gelehrten Franzosen Le Paulmier. Jacobi Palmerii exercitationes in optimos fere auctores Graecos, Lugduni Batavorum 1668, S. 151—153.

[7] Die schönen Verse lauten im Urtext:
(52) Viu ser cativo a santo irmão Fernando
(Que a tam altas emprêsas aspirava),

Camões war nur ein Anfang. Der eigentliche Meister des Stoffes ist der Spanier Calderón de la Barca (1600—1681) mit seinem „Standhaften Prinzen", „El Principe Constante", erschienen 1629. Dieses großartige Werk ist inspiriert durch das Drama „La Fortuna adversa del infante don Fernando de Portugal", dieses wieder scheint auf dem Werk eines Hieronymo Romano zu beruhen: „Historia y vida del religioso Infante Don Fernando". Die „Fortuna adversa" wird von manchen Forschern Lope de Vega zugeschrieben.

Calderon hat den großen Stoff dramatisch verdichtet[8]; den historischen Zeitraum von mehr als dreißig Jahren hat er auf wenige Monate zusammengezogen. Vor allem aber wird bei ihm aus einer historischen Abfolge eine symbolische Handlung, in der die Spieler mehr sind als sie historisch waren: sie werden zeitlose Figuren in dem von Gott veranstalteten Heilsdrama, Personifikationen menschlicher Eigenschaften und christlicher Tugenden. Ferdinand ist der Mittler des Geschehens, er schreitet von Stufe zu Stufe christlicher Vollkommenheit: Zuerst der vorbildliche weltliche Ritter, wird er zum christlichen Dulder, zum Märtyrer und schließlich zum verklärten Heiligen, der dem christlichen Heere den Sieg verleiht" (Franz W. Müller).[9]

Der Príncipe Constante des Calderón ist unsterblich geworden. Goethe und Schlegel haben ihn in Deutschland bekannt gemacht; Goethe hat das Werk 1811 in Weimar aufgeführt, eine weitere Aufführung folgte in Berlin 1816. Schopenhauer hat das Werk als den Prototyp der modernen christlichen Tragödie bezeichnet.

Indem wir zu dem Verhältnis des historischen Infanten Ferdinand zu seiner dichterischen Verklärung zurückkehren, gedenken wir eines Buches von Carl Schmitt, Hamlet oder Hekuba (1936). Das Buch führt den Untertitel „Der Einbruch der Zeit in das Spiel". In unserem Falle stehen wir vor der umgekehrten Erscheinung: dem Einbruch des Spiels in die Zeit.

Que, por salvar o povo miserando
Cercado, ao Sarraceno se entregava.
Só por amor da pátria está passando
A vida, de senhora feita escrava,
Por não se dar por êle a forte Ceita.
Mais o público bem que o sen respeita.
(53) Codro, porque o inimigo não vencesse,
Deixou antes vencer da morte a vida;
Regulo, por que a pátria não perdesse,
Quis mais a liberdade ver perdida.
Este, porque se Espanha não temesse,
A cativeiro eterno se convida.

[8] Vgl. dazu: Kindlers Literaturlexikon, Bd. V, Zürich 1964, S. 2559 (El Príncipe Constante).

[9] Über das Werk von Calderón vgl. weiter Wolfgang Kayser, Zur Struktur des „Standhaften Prinzen" von Calderón, in: Gestaltprobleme der Dichtung, hg. von R. Alewyn u. anderen, Festschrift für G. Müller 1957, S. 67—82.

4. König Franz I. von Frankreich

Seit einigen Jahren muß man es betonen: Es hat einmal ein ritterliches Zeitalter gegeben; ein Zeitalter, da das ritterliche Ehrenwort sogar in den internationalen Beziehungen Gewicht besaß und dem Völkerrecht angehörte; ein Zeitalter freilich, das sich mit dem Ausgang des Mittelalters dem Ende zuneigte und einer anderen Denkweise den Platz einräumte: der Staatsraison.

Auf dieser Zeitenscheide hat sich ein großes politisches Ereignis abgespielt, ein Ereignis, das zugleich die Veränderung des Zeitalters aufs deutlichste widerspiegelt: die Loskaufaffaire König Franz I. von Frankreich (1517—1547). Die Geschichtswissenschaft hat den Wortbruch dieses Königs bisher nur im größeren politischen Zusammenhang behandelt, gleichsam am Rande und ohne ihn mit den Gewichten zu wiegen, die nach den damaligen Rechts- und Ehrauffassungen — vielleicht — noch gültig waren; für uns soll, dem Thema dieses Buches entsprechend, der nach geschlossenem Loskaufvertrag begangene Wortbruch selbst im Lichtkegel stehen. Zur Orientierung dient H. Lemonnier, Les guerres d'Italie, in Lavisse, Histoire de France V 1, 1903/04; in neuerer Zeit Ch. Terrasse, François Ier, 3 Bde, Paris 1945; an deutscher Literatur sind zu nennen P. Rassow, Reich und Reichsidee Karls V., 1943, und K. Brandi, Kaiser Karl V.[5], 1959. Wichtig für das Verständnis der unter Eid und Ehrenwort übernommenen Verpflichtungen ist der Wortlaut des Vertrages von Madrid, 14. I. 1526, Abdruck bei Champollion, Captivité de François Ier, S. 446—478, sowie in Les Ordonnances ... de François Ier, Bd. IV, S. 165—178.

In der ersten Hälfte des 16. Jh.s kämpften zwei Großmächte um die Hegemonie in Europa: Habsburg unter der Führung Karls V. und Frankreich unter König Franz I. Beide Mächte begegneten sich vor allem in dem Mailänder Herzogtum der Sforza, das ein Lehen des Reiches war. Frankreich, das sich an allen seinen Grenzen von Habsburg umringt sah, suchte den Kreis wenigstens an dieser Stelle für sich offen zu halten. Ebenso wichtig aber war Mailand für Habsburg als Zugang nach Rom und zu seinen spanischen Besitzungen in Süditalien.

1521 hatten sich die Mailänder gegen die Franzosen erhoben. Kaiserliche Truppen rückten in Mailand ein. Daraufhin eilte Franz mit einem Heer aus Franzosen, Schweizern und deutschen Landsknechten aus der Dauphiné über die Alpen und gewann Mailand. Schon neigte sich die Waage auf die Seite der Franzosen — da bereiteten zum Entsatz herbeigeführte deutsche und spanische Söldner unter den Mauern des belagerten Pavia dem König eine vernichtende Niederlage (24. II. 1525). Der König fiel als Gefangener in die Hand des Kaisers.

Schon in der sich neigenden Schlacht entflammt der Durst nach L ö s e g e l d. Der König ficht mitten im Schlachtgetümmel. Sein Pferd wird unter ihm getötet.

Die spanischen Söldner des Kaisers, die seit langem keinen Sold mehr erhalten haben, dringen mit Wucht auf den König ein, denn jeder einzelne möchte ein Stück der königlichen Rüstung erbeuten, um später beweisen zu können, daß er es gewesen sei, der den König gefangen habe und demgemäß das „Fanggeld" beanspruchen könne. Der König wird aufgefordert, sich zu ergeben, doch weigert er sich: da er nämlich den Zwist der Kaiserlichen um die Beute erkannt hat, muß er fürchten, daß, wenn er sich den einen ergibt, die anderen ihn aus Zorn töten werden. Der König ist in großer Gefahr. Da bahnt sich Graf Lannoy, Feldherr und Vizekönig des Kaisers, den Weg zu König Franz. Dieser löst jetzt seinen Helm; er streift seinen Panzerhandschuh ab und reicht ihn Lannoy als Zeichen der Ergebung.[1] Der König ist gerettet, aber gefangen.

Aus der Haft verständigt Franz I. seine Mutter, die Regentin von Frankreich, Louise von Savoyen, mit einem Brief, der beginnt:

> Madame — pour vous avertir comme se porte le ressort de mon infortune, de toutes choses ne m'est demeuré que l'honneur et la vie sauve ...[2]

Gewöhnlich wird dieser Satz in der berühmten Form zitiert

> tout est perdu fors l'honneur.

Hat aber Franz I. in der Folge seine Ehre gewahrt? In der Tat — es ging in der Folge um Recht und Ehre. Nach dem Kriegsrecht der Epoche begründete die Ergebung in die Gefangenschaft eine Art Treueverhältnis zwischen dem Gefangenen und seinem Sieger. Zwei Juristen des 15. Jh.s, Angelus von Perugia und Paris a Puteo, haben das Verhältnis mit dem zwischen einem Lehnsmann und seinem Herren verglichen. Der Sieger war verpflichtet, den Gefangenen nicht zu töten oder zu martern, der Gefangene war verpflichtet, nicht zu entfliehen und ein Lösegeld zu bezahlen. Verstieß der Gefangene dagegen, so wurde er ehrlos.[3] Hat König Franz I. nach seiner Gefangennahme seine Ehre gewahrt?

Der Gefangene wurde zunächst durch Lannoy nach Pizzighettone gebracht, einem Kastell nahe bei Pavia am Flusse Adda. Doch erscheint der Ort nicht als sicher genug. Es wird zunächst erwogen, den Gefangenen nach Neapel zu transportieren, dann aber fällt die Entscheidung für Madrid, wo der König am 10. August 1525 eintrifft. „bonne prison" hatte der Kaiser ihm zugesagt, aber

---

[1] In der Tat gab es ein Kriegsrecht, wonach bei mehreren Gegnern eines Unterlegenen der erste unter ihnen ein Vorrecht an dem Besiegten gewann, namentlich auf Lösegeld oder Belohnung. Als Beweiszeichen benötigte er ein Stück der Rüstung, meist den rechten Panzerhandschuh. Belege bei W. Wunderlich, Das Kriegsgefangenenrecht im dt. Reich vom 16. Jh. bis 1785, Kölner jur. Diss. 1968, S. 25.

[2] Abdruck bei Terrasse, Bd. 1, S. 315.

[3] Belege bei W. Wunderlich, S. 20 f.

gut war sein Gefängnis in einem anderen Sinne: ein Turmgemach, darin ein einziges Zimmer, vergitterte Fenster, 400 Soldaten als Wache. Der König leidet unter der Haft, die sich lang ausdehnt. Er wird lebensgefährlich krank, findet aber die Gesundheit wieder.

Der kaiserliche Hof nahm die Frage der Friedensbedingungen anfangs rasch in die Hand, sie wurde teils mit dem gefangenen König teils mit der französischen Regentin erörtert. Die kaiserliche Forderung ging auf Burgund, Vermandois, Boulogne, die Sommestädte und die Hoheit über Flandern; dazu trat die Forderung Spaniens: Verzicht auf die Provence und Mailand; endlich die Forderung Englands, das mit Karl V. verbündet war: die Normandie, Guyenne und Gascogne. „Die ganze französische Geschichte von Jahrhunderten sollte rückgängig gemacht werden; es ist erstaunlich, daß man derartiges in Madrid noch für maßvoll hielt“ (K. Brandi). Demgegenüber war das äußerste Angebot der Franzosen der völlige Verzicht auf Italien, Neapel, Mailand, Flandern und Artois, dazu ein Lösegeld von 3 Millionen Goldtalern.

Aber Karl V. wollte kein Geld, er wollte sein Recht — Burgund. Die Verhandlungen zogen sich über 9 Monate hin; vergeblich drängte der Großkanzler des Kaisers, Gattinara, auf eine elastischere Politik. Der Kaiser, von Graf Lannoy beraten, schien doch noch sein Ziel erreichen zu sollen, als Franz, der Gefangenschaft überdrüssig, im November 1525 erklärte, er sei nun zu allem bereit, lediglich die Übergabe Burgunds könne nur er persönlich von Frankreichs Boden aus bewirken. Als Garantie seiner Zusagen bot er seine von Karl geforderte Ehe mit der Schwester Karls, der Königin-Witwe Eleonore von Portugal, und die Gestellung seiner zwei ältesten Söhne als Geiseln.[4]

In Wahrheit trieb Franz ein Doppelspiel. Schon 4 Monate vorher, am 16. Aug. 1525, hatte er sich durch einen internen notariellen Protest gesichert: Sollte er sich unter dem Druck der Gefangenschaft zu etwas bewegen lassen, das gegen Pflicht und Ehre sei, so erkläre er das schon jetzt für nichtig. — Für den 14. Jan. 1526 war die Unterzeichnung des Friedens durch Franz und den Bevollmächtigten des Kaisers zu Madrid vorgesehen. Am Tage zuvor aber hat Franz I. unter dem Siegel der Verschwiegenheit vor seinen Gesandten, dem Erzbischof von Embrun, dem Parlamentspräsidenten de Selve, dem Connétable Montmorency und anderen Würdenträgern den Protest vom 16. Aug. 1525 wiederholt. Unter diesem geheimen Vorbehalt hat Franz I. am nächsten Tage seinen Frieden mit Karl V. geschlossen. In seinem Gemach war ein Altar mit den heiligen Evangelien aufgerichtet. Franz beschwor den Vertrag. Außerdem leistete er durch Handschlag mit Lannoy das Versprechen eines Edelmannes, in die Gefangenschaft zurückzukehren, falls er seine übernommenen Verpflichtungen nicht würde erfüllen können:

---

[4] Zur Vergeiselung von Kindern durch ihren Vater vgl. oben S. 46.

Je, François, roi de France, gentilhomme, donne ma foi à l'empereur Charles, roi Catholique, gentilhomme, en la personne de vous, Charles de Lannoy ...

Gattinara war nicht zugegen, er lehnte den Vertrag in seiner Gänze als unrealistisch ab. Als er ihn später siegeln sollte, weigerte er sich unter Berufung auf seine Verantwortung gegenüber dem Kaiser. Unbewegt setzt nun der Kaiser persönlich das Großsiegel des Reiches unter das Dokument.

Der König schied, das Geleit zur Grenze gab dem immer noch Gefangenen der Graf Lannoy. Am 17. März 1526 erreichte man den Grenzfluß Bidassoa. An beiden Ufern waren Boote festgemacht; im gleichen Augenblick, da die Geiseln — der Dauphin und sein jüngerer Bruder Heinrich, beide im jungen Kindesalter — in dem einen Boot übergesetzt wurden, überquerte der König den Bidassoa in dem anderen Boot — „Zug um Zug".

Lannoy und der kaiserliche Gesandte Praët begleiteten den König nach Cognac, wo der Hof versammelt war. Hier ersucht Praët den König, den Frieden zu ratifizieren — gemäß seinem vertraglichen Versprechen, dies in der ersten Stadt seines Reiches zu tun, die er als freier Herrscher betreten werde. Der König verweist Praët jedoch an den *conseil,* den er sofort zusammenrufen werde. Praët tritt vor den *conseil* — dieser antwortet mit Ausflüchten, welche die Gültigkeit der Vollmacht und ähnliches betreffen. Weder heute noch später ratifiziert der König den Vertrag von Madrid (an eben jenem 17. März hat Franz einen anderen Vertrag ratifiziert: mit dem Verbündeten Karls V. — mit England). Wenig später wird Praët in Kenntnis gesetzt, daß der Vertrag von Madrid erzwungen und deshalb nicht bindend sei. Papst Clemens VII., eifersüchtig auf Karl V., entbindet den König von seinem zu Madrid geleisteten Eide, und der *rex christianissimus* läßt sich das gern gefallen.

Am 29. Mai schloß Franz eine neue Liga mit dem Papst, dem Herzog Sforza, Florenz und Venedig. Die Liga machte sich die französische Auffassung von der Nichtigkeit des zu Madrid geschlossenen Vertrages zu eigen und verlangte Freigabe der Prinzen gegen ein Lösegeld. Ein ad hoc versammeltes und instruiertes Quasiparlament verweigerte die Zustimmung zu den Vereinbarungen von Madrid. Der König — als wäre das selbstverständlich — kehrt n i c h t in die Haft zurück. Die Prinzen bleiben infolgedessen drei Jahre in ihrer Geiselhaft.

Über ihr Schicksal hat endlich der Friede von Cambrai entschieden (sog. Damenfriede, 3. Aug. 1529). Gemäß diesem Vertrage sollten die Prinzen gegen ein Lösegeld von 2 Millionen Goldsoleils freigelassen werden (ein Goldsoleil hatte 28 mm Durchmesser und wog 3,40 g). 1 200 000 Soleils waren Zug um Zug in bar zu entrichten. Das Lösegeld galt ausdrücklich nicht nur als ein solches für die vergeiselten Prinzen, sondern auch für König Franz I. So wollte es Karl V.: Er betrachtete den nicht zur Haft zurückgekehrten König rechtlich als seinen *captivus.* Erst das Lösegeld gibt dem König seinen Status zurück.

Das Lösegeld wurde in Frankreich durch Steuern aufgebracht, welche die Stände bewilligt hatten. 31 Maultiere bewegten den ungeheueren Schatz zur Grenze. Hier wurde das Lösegeld nicht gezählt, sondern gewogen; dabei ergab sich gegenüber der numerischen Höhe des Betrages eine Differenz, die eine Nachlieferung notwendig machte und eine Verzögerung des Austausches zur Folge hatte.[5] Am 1. Juli 1530 wurden die Prinzen endlich über den Grenzfluß Bidassoa hinüber Zug um Zug gegen den Goldschatz ausgetauscht, an derselben Stelle, wo sie vor drei Jahren den Weg in die Fremde gehen mußten.[6] Jetzt billige Tränen der Freude und der Rührung. Der französische Hofpoet Marot schuf nun einen *Chant de joie* auf die Rückkehr der Prinzen:

Ils sont venus, les Enfans desirez!

*

Wie ist das Verhalten Franz I. von Frankreich während und nach dem Vertrag von Madrid zu werten? Diese Frage mag dem Rechtshistoriker, der sich den Loskauf zum Thema gewählt hat, bevorzugt gestattet sein; denn Verträge wie der von Madrid gehören der Völkerrechtsgeschichte an; die Frage nach ihrer Verletzlichkeit trotz Einsatzes von Eid und Ehre und trotz Geiselstellung ist daher unmittelbar die Frage nach dem Funktionieren von Völkerrecht in der Vergangenheit.

Können wir sagen, das Verhalten Franz I. entspräche dem „Gang der Welt"? Nun — dem Gang der Welt schon deshalb nicht, weil ein so zynisches Doppelspiel wie das zu Madrid auch in dem gewöhnlichen Gang der Welt eine Ausnahme bildet: so schildern Theaterdichter den „Erzbösewicht". In der Tat gibt es im Bereich unseres Themas keinen zweiten bekannten Fall eines solchen Doppelspieles. Aber auch abgesehen von diesem Doppelspiel wäre die erwähnte Annahme voreilig; denn die Geschichte der Loskäufe bietet auf der Ebene der großen Politik viele Beispiele vertragstreuen Verhaltens, treu dem Eid wie dem Ehrenwort, sei es durch Erfüllung oder — im Falle der Unmöglichkeit — durch Rückkehr in die Haft. Vertragstreue hat Friedrich der Schöne von Österreich als Gefangener Ludwigs des Bayern bewiesen, als er ihm gegenüber seinen Vertrag mit Ludwig vom Jahre 1325 — die „Trausnitzer Sühne" — nicht

[5] Gleiches ereignete sich am 7. Mai 1250 bei der Zahlung des Lösegeldes durch König Ludwig den Heiligen an die Sarazenen: Zwei Tage lang wird das Lösegeld gewogen — dann stellt sich heraus, daß dem Gewicht nach 30 000 livres fehlen; die Männer des Königs beschaffen das fehlende Geld mit einiger Eigenmacht aus den Kassen des Templerordens zu Akkon (Joinville, a. a. O., S. 229).

[6] Trausnitzer Sühne MGH. Const. 6, Nr. 29; Dahlmann-Waitz, Nr. 7623; B. Wilhelm, MIOeG 42, 1927.

halten konnte und deshalb in dessen Haft zurückkehrte, obwohl auch ihn der Papst von seinem Eide entbunden, ja ihm sogar die Rückkehr zu Ludwig verboten hatte.[1] Vertragstreue bewies auch König Johann II. von Frankreich gegenüber England, nachdem er 1356 in der Schlacht von Poitiers in Gefangenschaft geraten war, dann aber gegen Zusage von 3 Millionen *écus d'or* Loskaufgeld und Gestellung von zwei Geiseln nach Frankreich zurückkehren durfte; als nämlich einer der von ihm gestellten Geiseln — sein eigener Sohn — aus dem damals englischen Calais entfloh, kehrte Johann II. freiwillig nach London zurück, wo er 1364 starb; sein Leichnam wurde unter königlichen Ehren nach Frankreich gesandt und in St. Denis beigesetzt.[7]

In allen diesen Fällen sind die Herrscher bewußt oder unbewußt dem antiken Vorbild eines Atilius Regulus gefolgt, das damals noch als historische Tatsache galt.[8] Warum nicht Franz I., der als großer Humanist den Bericht von Regulus gewiß gekannt hat? Konnte er sich auf den Dispens durch den Papst berufen? Dieser Dispens war ein reines Politikum, außerdem hatte Franz den Eid bereits vor dem Dispens gebrochen. Konnte er sich auf die Härte der Haft berufen? Es liegt in der Natur einer jeden Haft, daß sie hart ist; von besonders drückenden Bedingungen, von *squalor carceris,* hören wir nichts. Franz I. durfte in seiner Haft zu Madrid sogar seine Schwester empfangen; es war die gelehrte Schriftstellerin Margarethe von Navarra, welche den König schon vorher vielfach politisch beraten hatte (was riet sie jetzt[9]?). — Konnte sich Franz I. für seinen Treuebruch auf „Staatsraison" berufen? Das Staatsinteresse lag bei der Mutter des Königs, der Regentin, in guten Händen (es war dieselbe Fürstin, die sich drei Jahre später durch den „Damenfrieden" Ruhm erworben hat). Nein — der König hätte aushalten können, wenn ihm an seiner Ehre gelegen war.[2] Aber er liebte die Jagd — ja und die „Bewegung im Freien", er war der Gefangenschaft überdrüssig.

Vergleicht man den Fall Franz' I. mit den weiter oben angeführten, so fällt auf, daß diese in zeitlicher Hinsicht sämtlich früher liegen. Sie gehören dem Mittelalter und seiner Ordnungswelt an. Ein neues Zeitalter war angebrochen, in dem die alten Ehr- und Eidesvorstellungen nicht mehr unbedingte Geltung besaßen. Das eben damals in volle Aufnahme gekommene römische Recht hat das seine dazu beigetragen. Die *doctores* hatten die Materie von der Gültigkeit des Versprechens bei Eid und Ehre gegenüber dem Feinde noch mehr relativiert als sie schon vorher gewesen war. Der deutsche, treudeutsche Zasius scheute nicht

---

[7] Henri duc d'Aumal, Notes et documents relatifs à Jean roi de France et à sa captivité, London 1855. — Die Encyclopaedia Britannica bescheinigt dem König *quixotic chivalry.*

[8] Vgl. oben S. 77.

[9] Über ihr politisches Doppelspiel vgl. Pierre Jourda, Marguérite d'Angouleme, Duchesse d'Alençon, 1930, Neudr. Torino 1966, 108 f., 128 f.

vor der Meinung zurück, daß Regulus sein Rückkehrversprechen gegenüber den Puniern nicht hätte einzuhalten brauchen.[10] Aber auch das Zeitklima selbst nagte an den ritterlichen Ehr- und Eidesvorstellungen. Karl V. freilich war noch davon erfüllt, und mit ihm Graf Lannoy. Aber wir befinden uns um 1523 in einem Zeitalter, da alte Bindungsformen wirkungslos geworden und neuere noch nicht wirksam geworden sind. Gattinara scheint das — im Gegensatz zu seinem Kaiser — gewußt zu haben. Die Treulosigkeit des Connétable Bourbon gegen seinen eigenen König stand als ein Fanal über der Szene — sie war nicht die einzige. Als Gattinara der Politik Lannoys den Mißerfolg prophezeite und man ihn deshalb „abergläubisch" nannte, gab er die stolze Antwort, die Quelle seines „Aberglaubens" seien die geschichtliche Erfahrung und die Beobachtung der Gegenwart, woraus sich die Zukunft von selbst ergebe.[11]

Der Vertrag von Madrid hat der Politik für die Zukunft eine Lehre gegeben: nie wieder sind danach Verträge dieser Art in Europa geschlossen worden.

*

Den Treuebruch des Königs von Frankreich hat man in deutschen Landen wohl auf lange Zeit nicht vergessen können; das lehrt eine Äußerung von Luthers Tischgenossen Johannes Mathesius (1504—1565). Er vergleicht in einer Predigt den himmlischen und den irdischen Loskauf, insonderheit desjenigen Franz' I. zur Erlösung seiner von ihm vergeiselten Kinder: ... als da *der gefangene* Frantzoß unserm alten Herrn Keyser viertzig tonnen Goldes zur Ranson/schatzung oder lößgelt erlegen muste.[12]

[10] Vgl. oben S. 76.

[11] Zitat bei Brandi, Karl V. [6]1959, S. 194.

[12] Johannes Mathesius, Ausgewählte Werke, Bd. 1, Leichenreden, hg. von Georg Loesche (= Bibliothek deutscher Schriftsteller aus Böhmen, Bd. 4), Prag, Wien, Leipzig 1896, daselbst S. 186.

5. G. E. Lessing, Philotas (1759)

Die älteren Zeiten kennen nicht nur eine Loskaufethik auf seiten der zum Loskauf Verpflichteten, sie rühmen auf der anderen Seite auch die stolze Entsagung des Gefangenen selbst, seinen Verzicht auf die Befreiung durch den Loskauf, um dem Vaterland ein Opfer zu sparen. Von dieser Gesinnung soll Atilius Regulus, soll im Mittelalter der Infant von Spanien beseelt gewesen sein (S. 84). In solcher Entsagung erscheint der Infant von Spanien namentlich in der Dichtung „El Príncipe Constante" von Calderon de la Barca (1629). Auch Lessings P h i l o t a s zieht den selbstgewählten Tod seinem Loskauf vor.

Philotas ist jung, begierig nach Ruhm und verletzlich in seiner Ehre. Das Mißgeschick läßt ihn im Kriege verwundet werden, er gerät in Gefangenschaft. Sein königlicher Vater will ihn loskaufen. Die Aussichten dafür sind günstig, denn der Sohn des Gewalthabers ist seinerseits in die Gefangenschaft von Philotas' Vater geraten. Philotas liegt in ehrenvoller Haft — doch eben diese empört ihn („in was für ein Zelt hat der König mich bringen lassen! Aufgeputzt! Es muß einer von seinen Beischläferinnen gehören. Ein ekler Aufenthalt für einen Soldaten"). Man eröffnet Philotas seine glückliche Aussicht auf Befreiung. Aber Philotas wird eben dadurch noch tiefer in seiner Ehre verletzt. Er meint seinem Vaterland nur dadurch noch nützlich sein zu können, daß er den selbstgewählten Tod in der Gefangenschaft auf sich nimmt, so daß sein Vater den von ihm gefangenen Königssohn nicht preiszugeben braucht. Als Gefangener trägt Philotas keine Waffe. Er greift daher zur List und erklärt, daß er allen Loskaufverhandlungen widerspreche, solange nicht seiner Ehre durch die Aushändigung seines Schwertes Genüge geschehen sei. Man gewährt ihm sein Schwert — Philotas kehrt es gegen sich selbst („Mein Vater, heut spart dir ein Wunder das schimpfliche Lösegeld für deinen Sohn").

Das jugendlich anmutende Werk — Lessing selbst war erst dreißig Jahre alt — ist inspiriert durch den Geist des Siebenjährigen Krieges, durch Bewunderung Friedrichs des Großen und durch Lessings Freundschaft mit dem preußischen Dichter-Offizier Ewald v. Kleist. Doch Lessing versetzt sein Werk in die Welt der Antike (Philotas ist der historische Name eines Reiterführers im Heere Alexanders des Großen, eines Sohnes des Parmenio). Stoa und Römertugend bilden den geistigen Hintergrund. Gewiß hat Lessing die Berichte des Livius über Atilius Regulus gekannt und geschätzt; er hat auch die Regulus-Ode des Horaz gekannt, seine Schelte wider den römischen Kriegsgefangenen in Feindeshand,

qui lora restrictis lacertis
sensit iners timuitque mortem

(Carm. III, 5. 33.)

Der Verzicht auf den Loskauf ist bei aller Ungewöhnlichkeit doch etwas mehr als Legende und literarisches Motiv. Friedrich der Große hat im Siebenjährigen Krieg für den Fall seiner Gefangennahme den Loskauf gegen Geld oder gegen Provinzen streng verboten (Texte S. 128). — Zu Lessings Schauspiel sei hingewiesen auf die Analyse von Adolf FINK, Lessings Trauerspiel „Philotas" (unveröffentlicht).

Texte

1. Loskauf in die Knechtschaft des Loskäufers

Zu S. 63

Formulae Arvernenses[1]), MG., Legum Sectio IV (hg. von Karl Zeumer), daselbst Nr. 5, S. 31

Redemturia.

Domini illi.[2]) A pluris est cognitum, qualiter ante hos dies, investigante parte adversus, neglegentia, pro culpa mea in custodia traditus sum[3]); et nullam habeo substantia, unde me redimere debeam[4]), nisi tantum formam et statum meum, quem libero et inienuo videor habere et in servitio vestro pro hac causa debeam inclinare; et vos pietas Domini imperavit, ut pro ac causa me redemisti: ego vobis carta patrociniale de statum mecum, quem ingenuo habeo, in vos conscribere vel adfirmare rogavi, ut post ac diebus vite meae ex iure in servitio vestro debeam et consistere. Unde me spondo vel subter firmavi, ut contra presente cartola patrociniale neque ego neque de heredibus meis nec quislibet ulla oposita persona prac ac die[6]) ambulare non debeamus; quod quid fecerit, conponat vobis sociante fisco auri untia[7]) una, et quod petit, nihil valead vindicare; et ubicumque deinvenire potueritis, sicut et reliquos servos vestros[8]), ita et me in vestro servitio faciatis revocare absque ullo contradicente. Stibulant stibulatur in omnibus sum.

Zur Erläuterung: [1]) Eine aus der Auvergne stammende Formelsammlung, wohl dem 8. Jh. angehörend. H. Brunner, Deutsche Rechtsgesch. [2]1906 (Neudr. 1961), S. 580. — [2]) *illi:* Hier ist der Name des Loskäufers einzusetzen. — [3])*investigante parte adversus, neglegentia, pro culpa mea:* einer dieser drei Fälle ist Anlaß der Gefangenschaft (*custodia*) gewesen. — [4]) *unde me redimere debeam*: womit ich mich loskaufen kann. — [5]) *post ac*: alsdann. — [6]) *prae ac die*: vor diesem Tage; es ist also an befristete Knechtschaft zu denken. — [7]) *untia*: Unze. — [8]) *sicut et reliquos servos vestros*: Der Schuldknecht wird hier offenbar den übrigen Knechten des Loskäufers gleichgestellt.

2. Königliche Genehmigung zum Loskauf von Christensklaven aus Feindeshand

Barzelona 27. August 1318. König Jaime II. von Aragon gestattet dem Arnaldo de Bastida, einen Gesandten zum Loskauf christlicher Sklaven nach Alexandria zu führen und daselbst Handelsgeschäfte zu treiben. Geleitbrief? Anhangendes Siegel. — Archive der Krone von Aragon, Kanzlei, R. 216 fol 85. Abdruck nach Ch. Verlinden, L'Esclavage dans L'Europe Médivale I, Brügge 1955, S. 880, Nr. XXVI.

Attendentes quod sanctissimus in Christo pater dominus Johannes, divina providencia summus pontifex, pro liberatione quorundam christianorum, qui in terra Soldani Babilonie captivi existunt, concessit nobis ad suplicationem nostram, deditque nobis licenciam per suum specialem rescriptum mittendi navem unam ad dictum soldanum Babilonie et terram eiusdem cum ambaxatoribus, nunciis, mercatoribus et mercationibus, exceptis rebus prohibitis, constitutionibus, prohibitionibus et processibus apostolice sedis spirituales et temporales summas penas continentibus et mulctas contra transffretantes cum mercibus seu mercationibus in Alexandriam et terram Soldani predictis editis, factis et habitis nullatenus obstantibus idcirco, afectantes captivos predictos a paganorum manibus liberari, cum presenti carta concedimus vobis Arnaldo de Bastida, campsori[1]) et civi Barchinone, quod cum una navi seu cocha[2]) quam eligendam duxeritis, in qua nuncium[3]) seu nuncios nostros, quos ad dictum Soldanum Babilonie pro liberatione dictorum captivorum destinare providimus, portare teneamini, possitis infra annum presentem[4]), una vice tamen, simul cum mercatoribus et marinariis provincialibus et aliis quibuscumque personis quae in ipsa navi seu cocha recedendo de hiis partibus navigare voluerint, et cum mercibus seu mercationibus ac rebus tam vestris quam aliorum quas vos et alii portaveritis eundo et redeundo in eadem navi seu cocha, exceptis rebus prohibitis[5]) ut contra in predicto papali rescripto, navigare et accedere ad dictas partes Alexandrie et terre Egypti, et inibi cum Sarracenis comercia contrahere[6]) et ab inde ad terram nostram redire sine aliquo metu nostri seu inhibitionum factarum ac penarum impositarum contra navigantes ad partes predictas. In quo etiam intelligimus mercatores extraneos qui non sint de terra seu dominatione nostra, si qui in reditu dicti viagii vobiscum in dicta navi seu cocha de predictis partibus Soldani redire voluerint, et res seu merces eorum. Promittentes vobis et omnibus aliis in dicta navi seu cocha navigantibus seu res suas missuris in viagio supradicto, quod nunquam per nos vel nostros aut alias personas pro nobis vel nostris fiat contra vos vel ipsos aut bona vestra vel ipsorum ratione premissa petitio aliqua vel demanda, neque propterea a vobis vel ipsis aliqua pena seu redempcio exigetur. Imo sitis vos et ipsi cum bonis vestris et ipsorum ab omni pena imposita contra navigantes[7]) seu res suas mittentes ad dictas partes ob omni pro redempcione eiusdem quieti perpetuo et immunes. Mandantes[8]) procuratoribus nostris quod hanc concessionem nostram teneant firmiter et observent ac faciant inviolabiliter observari et non contraveniant, nec aliquem contravenire permittant aliqua ratione. In cuius rei testimonium presentem cartam fieri et sigillo nostro appendicio jussimus communiri. Datum Barchinona VI kal. sept. 1318.

Zur Erläuterung: Im Kriege sind Handel und Verkehr mit dem Feind untersagt. Im vorliegenden Fall handelt es sich um das von Papst Nikolaus IV (1288—1292) gegen Ägypten gerichtete Handelsembargo, das Papst Clemens V. (1305—1314) bestätigt hat: ... statuimus, ut nullus arma, equos, ferrum, lignamina, victualia ... in Alexandriam vel alia loca Ägypti deferre ... presumat (Extravagantes Communes 5. 2. 1). Vgl. dazu K. H. ALLMENDINGER, Die Beziehungen zwischen der Kommune Pisa und Ägypten im Hohen Mittelalter, Vjschr. f. Sozial- und WirtschGesch., Beih. 54, 1967, insbes. S. 2. — Von diesem Embargo hat der König durch Papst Johannes XXII (1316 bis 1334) einen Dispens erhalten. — [1]) *campsor* Wechsler, hier Bankier, der den Loskauf finanzieren kann. — [2]) *cocha* Kogge. Ein Handelsschiff konnte in der Regel 300 Losgekaufte heimführen. — [3]) *nuncius* der Gesandte des Königs; er ist nicht mit Namen genannt, also wohl noch nicht ernannt worden. — [4]) *infra annum*: nach islamischem Fremdenrecht ist die Immunität eines ausländischen Kaufmanns — *amān* — auf ein Jahr begrenzt; vgl. K. H. ALLMENDINGER, a. a. O., S. 29. — [5]) *res prohibitae* Konterbande. — [6]) *comercia contrahere:* Handel außerhalb der Loskaufgeschäfte: diese Erlaubnis ist vermutlich das Entgelt für Arnaldo de Bastida. — [7]) *pena imposita contra navigantes:* die normalerweise durch Embargoverstoß verwirkte Strafe. — [8]) *mandantes* usw.: dieser Satz wendet sich an die königlichen Beamten, Kommandanten der Kriegsschiffe usw., daß sie das Loskaufschiff nicht behindern sollen. Insofern stellt die Urkunde einen Geleitbrief dar. Dafür spricht auch das anhangende königliche Siegel. Unter Geleitschutz wird das Schiff jedoch nicht gestellt; in den feindlichen Gewässern bildet das völkerrechtliche Gesandtschaftsrecht offenbar den alleinigen Schutz.

Während der Erlaß des Königs von Aragon den fremden Loskäufern die Verbindung des Loskaufes mit Warenhandel ausdrücklich gestattet, verbietet ein Kapitel des Liber Extra eine derartige Verbindung, soweit es sich um Konterbande handelt, die den Sarazenen im Heiligen Krieg von Nutzen sein könnte. Ein Bischof hat beim Papst angefragt, ob eine Loskaufexpedition (zur Kriegszeit) nach Alexandria zulässig sei. Der Papst bejaht dies, doch sollen die christlichen Loskäufer vor der Ausfahrt zu Händen des Bischofs schwören, daß sie keine derartige Ware (weder als Tauschmittel noch als Handelsware) exportieren werden (X. 5. 6. 11): Significavit nobis tua fraternitas, quomodo aliqui civium tuorum in Alexandriam valeant proficisci pro recuperandis concivibus suis, qui illic in captivitate tenentur. Hoc arbitramur licite posse fieri, dummodo nihil in mercibus suis vel alio modo secum illuc deferant, unde possit Sarracenis, excepto redemptionis articulo, aliquod commodum aut subsidium provenire, quod etiam coram te prius iuramento firmabunt. — Ich verdanke diesen Hinweis meinem Schüler Wolfgang WEBER.

3. Miguel Cervantes, Der Sklavenmarkt zu Algier

zu S. 43, 79

El trato de Argel, Akt 2, Szene 1. Sklavenmarkt. Eine Familie, bestehend aus Vater, Mutter und zwei jungen Söhnen, Juan und Francisco, steht auf einem Podest zum Verkauf. Davor ein Ausrufer und Käufer.

Ausrufer:	Gibt es einen Käufer für diese Kinder? Für diesen alten großen Kerl und für dieses alte Weib mit ihrem dicken Bauch? Es ist gute Ware! Sie kosten nur zweihundert Goldstücke! Aber ich lasse nicht handeln! (zu den Gefangenen) Marsch, ihr Hunde!
Der Knabe Juan:	Mutter! Mutter! Werden uns die Mauren wirklich verkaufen?
Mutter:	Ja, mein Sohn! Unser Unglück macht sie reicher!
Ausrufer:	Niemand da, der Kind und Mutter zusammen kaufen will?
Mutter:	O fürchterliches und jammervolles Schicksal, ärger als der Tod!
Vater:	Still, Frau! Gott hat dieses Los über uns verhängt. Er allein weiß warum.
Mutter:	Mich jammert nur das Schicksal der Kinder! Was soll aus ihnen werden!
Vater:	Frau! Alles wird nach dem Willen Gottes geschehen!
Ein Käufer:	Wieviel soll der da kosten? (zeigt auf Juan)
Ausrufer:	Zweihundert Goldstücke!
Käufer:	Kann man ihn nicht für hundert haben?
Ausrufer:	Nein — das kommt nicht in Frage!
Käufer:	Ist er auch vollkommen gesund?
Ausrufer (reißt dem Knaben den Mund auf):	Er ist in Ordnung!
Käufer:	Mach nur dein Maul auf — hab keine Angst!
Juan:	Bitte, reißen Sie ihn mir nicht aus — er wird schon von selbst herausfallen!
Käufer:	Der Dummkopf glaubt wohl, ich will ihm einen Zahn ausreißen!
Juan:	Bitte, bitte, gnädiger Herr! Er tut mir nicht weh! Bitte, bitte!

Aidar (ein anderer Käufer):
Was ist mit dem da? (auf den zweiten Knaben zeigend) Was kostet er?

Ausrufer: Zweihundert Goldstücke!

Aidar: Und wieviel kann man davon abhandeln?

Ausrufer: Er ist zweihundert Goldstücke wert.

Aidar (zum zweiten Knaben):
Wirst du brav sein, wenn ich dich kaufe?

Knabe Francisco: Ich werde brav sein, selbst wenn Sie mich nicht kaufen!

Aidar: Ist bei dir alles in Ordnung?

Knabe Francisco: Ich glaube schon, ohne mich zu täuschen.

Ausrufer: Er gehört Ihnen! Bitte zahlen!

Käufer: Ich werde daheim zahlen!

Mutter: Mein Herz zerreißt!

Käufer: Liebe Freunde, kauft den anderen Jungen! Komm, Kind, ich will mich mit dir amüsieren!

Knabe Juan: Gnädiger Herr! Ich kann meine Mutter nicht verlassen und mit den andern gehen!

Mutter: Geh, mein Sohn, du bist jetzt das Eigentum deines Käufers!

Knabe Juan: Wie, Mutter! Du willst mich verlassen?

Mutter: O wie ist alles so grausam!

Käufer: Vorwärts, Junge! Komm mit mir!

Knabe Juan: Gehen wir zusammen, Vater!

Vater: Ich kann nicht! Das hängt nicht mehr von mir ab. Gott schütze dich!

Mutter: Mein Schatz! Mein Trost! Gott möge dich nicht verlassen!

Knabe Juan: Wohin bringt man mich ohne dich, Mutter?

Mutter: Erlauben Sie, gnädiger Herr, daß ich noch ein Wort mit meinem Sohn rede. Gestatten Sie mir diese letzte kleine Freude, dann wird mein Schmerz niemals mehr aufhören!

Käufer: Sag ihm, was du zu sagen hast. Es ist das letztemal, daß du ihn siehst!

Mutter: O es ist das erstemal, daß ich mich in solcher Angst befinde!

Knabe Juan: Bleib bei mir, ich weiß nicht, wohin man mich verschleppen will!

Mutter:	Ich habe dich verloren, mein Kind, obwohl ich dich geboren habe. In meiner Verzweiflung hat sich alles gegen mich gewendet. Der Himmel ist verdunkelt, das Meer und die Winde sind entfesselt. Du kennst noch nicht das ganze Unglück, das dich getroffen hat, es genügt, wenn du mittendrin steckst, denn der, der es nicht genau kennt, kann noch Hoffnung hegen. Aber ich beschwöre dich, mein Teuerstes, da ich dich nie mehr sehen werde, versprich mir, das Beten des Ave Maria niemals zu vergessen. Sie ist es, sie, die Königin der Güte, der Tugend, voll der Gnaden, die deine Ketten brechen und dir die Freiheit wiedergeben wird!
Aidar:	Hört doch diese elende Christin, welche Ratschläge sie ihrem Jungen gibt! Ist sie nicht wie du ein dummes und verstörtes Tier?
Knabe Juan:	Mutter, muß ich wirklich mit diesem Mauren gehen?
Mutter:	Weh mir! Glaub doch, ich habe Angst vor dem Weg, den du gehen mußt. Du wirst alles vergessen, deinen Gott, mich, dich selbst! Denn was wird mit dir geschehen, wenn du in so zartem Alter unter dieses gottlose Volk verschlagen wirst! (Der Aufrufer greift nach der Mutter und droht, sie mit der Peitsche zu schlagen, dann wendet er sich wegen des Verkaufs des zweiten Knaben, Francisco, wieder an Aidar).
Knabe Francisco:	Da ich durch ein böses Geschick von euch getrennt werde, liebe Eltern, was befehlt ihr mir noch?
Vater:	Mein Sohn, versprich mir folgendes: weder Drohungen noch Versprechungen, weder Geschenke noch die Peitsche sollen es zustande bringen, daß du den Glauben aufgibst, und alle Schätze der Welt mögen dich nicht davon abhalten, lieber für Christus zu sterben als im Glauben der Mauren zu leben!
Knabe Francisco:	Ich werde mein Möglichstes tun, Jesus wird mir dabei beistehen, wenn ich wahrhaft an ihn glaube, an seine Lehren und an die Furcht vor Gott!
Ausrufer:	Seht nur, wie sich dieses Kind als Christ gebärdet! Ich versichere euch, er wird schon rasch die Arme und die rechte Hand zur Abschwörung heben! Diese kleinen Christenjungen weinen zuerst, aber später werden sie gläubigere Anhänger des Propheten als die alten Gläubigen im Maurenland!

Zur Erläuterung: Cervantes hat von 1571 bis 1576 — bis zu seinem eigenen Loskauf — als Sklave in Algier gelebt und hat daher den Sklavenmarkt aus eigener Anschauung gekannt. Seine Schilderung ist tragikomisch, „veristisch". Der Dichter schildert insbesondere einen Umstand, der bei jeder Art von Sklaverei als besondere Pein empfunden wurde, die Trennung der Familie. Denn jede Trennung erschwerte den Loskauf, da die ersten Schritte dazu in der Regel von der Familie ausgingen. — Gut beobachtet ist die Prüfung der Zähne durch die Kauflustigen. — Eindrucksvoll ist die Glaubensnot und Glaubensgefahr geschildert, in der vor allem die Söhne schweben. Um ihretwillen wurden beim Loskauf durch die Trinitarier und Mercedarier vor allem die Jungen bevorzugt (S. 32).

4. Das Amt des Alfaqueque

Las Siete Partidas II 30

zu Seite 55

Abdruck nach dem Werk Las Siete Partidas, herausgegeben von der Real Academia de la Historia, Madrid 1807, Bd. 2, S. 336. Die Siete Partidas sind zwischen 1256 und 1263 entstanden, haben aber erst durch ein Ordenamiento von 1348 endgültige Gesetzeskraft erlangt. Das Werk ist mit dem Namen des Königs Alfons X. *El Sabio* verbunden, des Gründers der Universität Salamanca; als Enkel des Hohenstaufenkönigs Philipp von Schwaben wurde er 1257 während des „Interregnums" zum deutschen König gewählt („Alfons von Kastilien"). Lit.: F. W. v. Rauchhaupt, Geschichte der spanischen Rechtsquellen 1923, S. 116, 128; Alfonso García Gallo, Curso de Historia del Derecho Español I, Madrid [5]1950, S. 253, 259 f.

Partida Seconda Titulo XXX. Que fabla de los alfaqueques[1]

... agora queremos decir ... de los alfaqueques que son trujamanes[1]) et fieles[2]) para pleytearlos et sacarlos de cativo: et mostraremos qué quier decir alfaqueque: et qué cosas debe haber en sí aquel que escogen[3]) para este oficio: et cómo debe seer escogido et fecho et qui lo puede facer: et qué cosas deben et facer los alfaqueques: et que gualardon[4]) deben haber quando bien ficieren su oficio; et qué pena quando andudiesen mal en él.

Ley I

Qué quiere decir alfaqueques, et qué cosas deben haber en sí

Alfaqueques tanto quiere decir en arábigo como homes de buena verdat que son puestos para sacar los cativos; et estos, segunt los antiguos mostraron, deben haber en sí seis cosas; la primera que sean verdaderos, vnde llevan el nombre; la segunda sin cobdicia[4]); la tercera que sean sabidores tambien del lenguage daquella á que van, como del de la suya; la quarta que non sean malquistos[5]); la quinta que sean esforzados[6]); la sexta que hayan algo de suyo.[7]) Ca de la primera que deximos que hayan en si verdat, esta es cosa que conviene much á lo que ellos han de facer, porque si verdaderos non fuesen, farien daño a amas las partes[8]), tambien al que quiere salir de cativo al otro que le tiene en su poder, porque cada uno está sobre esperenza de la verdat que creen que aquel les trae. Et si fueren sin cobdicia catarán primeramente la pro de los cativos que la su ganancia[9]): et si sabidores fuesen de los lenguages, enten-

[1] Die Noten beziehen sich auf die Erläuterungen am Ende der Urkunde.

derán lo que dixeren amas las partes, et sabrán responder á ello et decir otrosí á cada uno lo que le conviene; et malqueridos[10]) non deben seer, ca si lo fuesen contra los cativos, ó á sus parientes ó á sus amigos, mucho aína podrian guisar que los farien matar et sofrir grandes penas, ó á lo menos yacer grant tiempo en la prision; et esfuerzo conviene otrosi que hayan por non dubdar de ir á aquel logar do quier que los cativos sean, non rezelando malos pasos nin peligro de mar nin de tierra, veniéndoles emiente de todos los bienes que yacen en sacar los homes de cativo, asi como deximos en algunas leyes del título ante deste. Algo conviene otrosi que hayan de lo suyo, lo uno porque hayan miedo[11]) de facer mal, lo otro porque si lo ficiesen et se fuesen[12]), que fallasen aquellos que han de facer la justicia á que se tornen para emendar los tuertos que los cativos rescibiesen. Et sobre todas estas cosas que deximos conviene que sean de buena poridat, ca si tales non fuesen, non podrien bien guardar su verdat asi como desuso deximos.

Ley II

Como deben seer escogidos et fechos los alfaqueques, et quien los puede facer

Escogidos mucho afincadamente[13]) deben seer los alfaqueques, pues que tan piadosa[14]) obra han de facer como sacar los cativos; et non tan solamente los deben escoger que hayan en sí aquellas cosas que deximos en esta ley, mas aun que vengan de linage[15]) bien afamado. Et este escogimiento ha de seer por doce homes buenos[16]) que tome el rey, o el que estudiere en su logar, o los mayorales de aquel concejo do moraren quellos que hobieren a seer alfaqueques; et estos han de seer sabidores del fecho de los otros[17]), porque puedan jurar sobre santos evangelios en mano del rey ó del que fue puesto en sur logar, que aquellos[18]) que escogan para esto, han sí todas las cosas que deximos en la ley ante desta. Et despues que desta guisa fuesen escogidos deben ellos otrosi jurar que sean leales en el fecho de los cativos, allegando su pro et arredrando su daño quanto ellos pudieren, et que por amor nin malquerencia[19]) que hobiesen a alguno non dexasen de facer esto, nin por don que les diesen nin les prometiesen á dar. Et despues que esta jura[20]) hobiesen fecho debeles el rey otorgar[21]) ó el que estudiere en su logar, ó los mayorales de aquel concejo do moraren ó do los ficieren, que dende adelante sean alfaqueques, et darles carta abierta con sello[22]) de aquel que gelo otorgare, et pendon de señal del rey[23]), porque puedan ir seguramente á lo que hobieren de facer. Et desta guisa deben seer fechos; et el que de otra manera los ficiese o los que tomasen poder por si mesmos para seerlo, yerran gravemente, porque deben haber pena segunt alvedrio[24]) del rey, también el uno come el otro.

Ley III

Que cosas deben guardar los alfaqueques despues que fueren fechos, et qué gualardon deben haber quando bien ficieren su oficio, et qué pena quando mal lo fecieren

Faciendo el alfaqueque bien et derechamente su oficio gana hi amor de Dios et de los homes; et por ende deben guardar todas las cosas que aqui diremos: primeramente que lleven el pendon[25]) alzado por do quier[26]) que vayan por honra del señor que gelo dió, et porque sean conoszudos de qual tierra son; et otrosi que vayan todavia por el camino mayor et mas derecho et non fuera dél, de guisa que en el mesmo alverguen[27]) si la noche no les tomase en poblado; et otrosi quando entraren en villa ó en castiello tambien en la tierra de los de su parte como en la de los enemigos, que caten posada[28]) en que puedan advergar en salvo con todo lo que troxeren[29]), porque si aquel logar fuese corrido[30]) non gelo pudiesen aina tomar[31]), porque los cativos fuesen perdidosos de aquello por que los hobiesen de quitar, et ellos en sospecha que se perdiera por su culpa. Et aun decimos que cada que hobieren de ir á la tierra de los enemigos deben facer carta en que sea escripto todo lo que llevan et quanto es et cuyo, et débenla seellar con sus seellos et dexarla en guarda del judgador mayor del logar, porque si acaesciese que muriesce alguno dellos ó los robasen en los caminos, puedan saber ciertamente quanto es lo que llevan et cuyo. Et otrosi deben ir apercebidos[32]) que quando se encontraren con cabalgada de los de su parte que se desvien del camino los que hobiesen sacado de cativo que fuesen de la ley de sus enemigos; et esto deben facer porque aquellos enemiyos que ellos traen consigo, non puedan saber a qual parte va la cabalgada para apercebir los sujos.

Et sin esto[33]) deben guardar de non levar ningunas cosas de la una parte á la otra como en manera de mercaduria, sinon tan solamente aquellas que fueren para sacar los cativos. Et mas cosas deben aun guardar, que si algunt alfaqueque sacare de su grado[34]) cativo que sea de su ley por haber ó por otra cosa que dé por él, nol señalando plazo[35]) á que lo pague, maguer el otro non lo pudiese tan aina pagar, que nol torne por esto á poder de los enemigos, mas quel atienda fasta que gelo pueda dar; pero esto se entiende non lo faciendo maliciosamente el que hobiese sacado de cativo, asi como teniendo de que gelo pagar et non lo quisiese facer; ca si esto pudiese seer probado, estonce bien lo podrie tornar al logar onde lo hobiese sacado; et eso mesmo serie del cativo que el alfaqueque sacase a plazo cierto, et potiendo pagar non quisiese.[36]) Onde asi como los alfaqueques que estas cosas guardasen asi come sobredicho es, deben haber buen gualardon por esso, otrosi los que non lo ficiesen deben haber tal pena segunt quel fechio[37]) fuese; et esto serie come si ellos ficiesen algun menoscabo[38]) en el haber de los cativos que los pechasen[39]) á tres et si gelo ficiesen rescebir en los cuerpos, asi como de muerte ó de lision, que otro tal[40]) hobiesen ellos en los suyos; et eso mesmo serie si maliciosamente alongasen[41]) de sacarlos de cativo; ca si lo ficiesen, otro tanto tiempo deben ellos yacer presos[42]) quanto fue el alongamiento que ellos ficieron á los cativos. Otrosi decimos, que quando los alfaqueques fueren buenos faciendo lo que deben bien e legalmente, que les deben dar buen gualardon el rey ó el concejo[1] de aquel logar do usasen de este oficio; e demas desto deben seer mucho honrados e guardados, porque andan en obra de piedat[43]) et á pro communal de todos.

Zur Erläuterung. Ley I: [1]) *trujamanes* Dolmetscher, Vermittler (vgl. Dragoman). — [2]) *fieles* Treuhänder. — [3]) *escogen* auswählen (mlat. excolligere). — [4]) *gualardon* Belohnung. — [5]) *malquistos* verhaßt. — [6]) *esforzados* energisch. — [7]) *algo de suyo* daß sie vermögend sind. — [8]) *amas las partes* beiden Parteien. — [9]) *la pro* usw.: sie werden eher den Vorteil der Gefangenen suchen als ihren eigenen. — [10]) *malqueridos* unbeliebt. — [11]) *miedo* Furcht. — [12]) *se fuesen* wenn sie fliehen. — [13]) *los tuertos* das Unrecht.

Ley II: [13]) *afincadamente* sorgfältig. — [14]) *piadosa obra* frommes Werk. — [15]) *linage* Abstammung. — [16]) *doce homes buenos* zwölf „boni homines". — [17]) *seer sabidores del fecho de los otros* Bescheid wissen in den Angelegenheiten der anderen. — [18]) *aquellos d*ie Alfaqueque. — [19]) *malquerencia* Übelwollen. — [20]) *esta jura* diese Eide. — [21]) *otorgar* einsetzen, autorisieren. — [22]) *carta abierta con sello* gesiegeltes öffentliches Patent. — [23]) *pendon de señal del rey* Standarte mit dem Wappen des Königs. — [24]) *alvedrio* freies Ermessen.

Ley III: [25]) *que lleven el pendon* daß sie die Standarte tragen. — [26]) *do quier* wo immer. — [27]) *alverguen* rasten, „herbergen". — [28]) *caten posada* Biwack nehmen. — [29]) *troxeren* mit sich führen. — [30]) *fuese corrido* überfallen würde. — [31]) *aina tomar* leicht wegnehmen. — [32]) *ir apercebidos* aufmerksam reisen. — [33]) *sin esto* überdies. — [34]) *de su grado* nach eigenem Entschluß. — [35]) *plazo* Termin der Zahlung. — [36]) *potiendo pagar non quisiese:* obwohl er zahlen kann, will er nicht (dann darf der Alfaqueque den Gelösten zu den Feinden zurücksenden — persönliche Haft des Losgekauften kennen die Siete Partidas nicht). — [37]) *fechio* Vergehen. — [38]) *menoscabo* Nachteil. — [39]) *pechasen a tres doblo* dreifach büßen? — [40]) *otro tal* das nämliche; hier und im folgenden ist von der Haftung des Alfaqueque die Rede, sie ist z. T. gestaltet nach dem Prinzip der Talion. — [41]) *alongasen* verzögerten. — [42]) *yacer presos* in Haft liegen. — [43]) *obra de piedat* Opus pietatis.

5. Wechselseitiger Loskaufverkehr zwischen Aragon und dem sarazenischen Granada

26. August 1306. Barcelona. König Jaime II. von Aragon gestattet dem Ali Abellup, Gesandten des Königs von Granada, gefangene Christen, die ihren Loskauf erstreben, in Aragon einzuführen, sowie sarazenische Gefangene von dort auszuführen, deren bevorstehende Auslösung als sicher erscheint. — Archive der Krone von Aragon, Kanzlei R 203 fol 184. — Abdruck nach Ch. Verlinden, L'esclavage dans l'Europe médiévale, Brügge 1955, Anhang Nr. XXVII.

J. dilectis et fidelibus suis procuratoribus, vicariis, baiulis, iusticiis et universis aliis officialibus et subditis nostris ad quos presentes pervenerint etc. Noveritis nos concessisse Ali Abellup, Sarraceno Granate, quod quandocumque et quocienscumque conveniat ipsum intrare terram nostram et venire ad nos ex legatione Regis Granate illustris, possit inmittere [in] terram nostram christianos existentes captivos in dominio Regis Granate qui se redimere voluerint et redemptiones eorum exigere et recipere ab eisdem seu a quibuslibet aliis personis dictas solutiones facere debentibus, sine aliquo jure per ipsum racione ipsorum captivorum nullatenus persolvendo; possit et extrahere de terra nostra quoscumque Sarracenos captivos qui redempti fuerint vel alforres seu alios quoscumque emerit in terra nostra sine jure aliquo persolvendo, ipso enim ostendente instrumenta vel alia legitima documenta per quae liquide appareat ipsos Sarracenos fore redemptos et liberos seu alforres aut per eum emptos. Nos enim ipsum Ali cum dictis christianis et Sarracenis guidamus et assecuramus in veniendo, stando et redeundo sub modo et forma predictas cum omnibus rebus eorum. Verum tamen, si dictus Ali vel Sarraceni predicti extraherent de terra nostra in exitu eorum res aliquas seu merces pro quibus jura aliqua solvi debeant, eadem jura pro ipsis rebus et mercibus solvant et solvere teneantur. Quare vobis dicimus et mandamus quot predictam concessionem nostram dicto Ali quocienscumque intraverit terram nostram et ad nos venerit ex legatione dicti Regis Granate observetis et observari faciatis sub modo et forma superius annotatis. Data Barchinona VII^{0} kal sept. anno predicto (1306).

Zur Erläuterung: *iusticiis:* iusticiariis? *quocienscumque*: die Erlaubnis gilt also für unbestimmt viele Fälle. Ist Ali Abellup eine Art sarazenischer „Alfaqueque“? Erhielt ein spanischer Alfaqueque im Gebiet der Sarazenen von der dortigen Obrigkeit einen ähnlichen Paß? *qui se redimere voluerint:* im Regest bei Verlinden heißt es qui ont été rachetés, m. E. unrichtig. *ipsos Sarracenos fore redemptos:* auch die von Abu A. mitgenommenen gefangenen Sarazenen sollen erst später losgekauft werden. *in exitu:* beim Verlassen des christlichen Aragon. *iure aliquo, später iura aliqua:* Zölle. *alforres:* ein romanisch-arabisches Wort; von arab. ḥurr (K. LOKOTSCH, Etymologisches Wörterbuch der europäischen ... Wörter orientalischen Ursprungs, 1927, S. 70, Nr. 886). *alforia* bedeutet Freiheit, *alforres* demnach Freie oder Freigewordene, hier wohl synonym mit den zuvor genannten *liberi.* — Ich danke meinem Kollegen Rudolf SELLHEIM in Frankfurt a. M. für seine freundliche Hilfe.

6. Loskauf von Kriegern, die unter der Fahne der Stadt Frankfurt a. M. in Gefangenschaft geraten sind

zu S. 25

Frankfurt a. M., 19. Mai 1268. Schultheiß und Rat beschließen, künftig jeden Bürger, der auf den Kriegszügen der Stadt gefangen genommen wird, nach Maßgabe seines Vermögens loszukaufen. — Stadtarchiv Frankfurt, Privilegien, Ugb. A Nr. 23. Original Pergament mit anhängenden Siegeln des Schultheißen Konrad und der Stadt. — Böhmer-Lau, Urkundenbuch der Stadt Frankfurt a. M., Bd. 1, 1901, Nr. 282.

Nos Conradus scultetus, milites, scabini, consules et universi cives Frankenvordenses, hoc scripto notum esse cupimus universis, quod de communi consilio, unanimi voluntate pariter et consensu statuimus infrascripta perpetuo inviolabiliter observanda, videlicet, quod unicuique nostro concivi omnia, que in comitatu vexillorum nostrorum fideli, certaminibus aut reisis, quod absit, fortassis in posterum perdiderit, plenarie refundemus. Preterea unumquemque nostrum concivem, qui sub ipso vexillorum nostrorum comitatu fideli, fortuitu, quod deus avertat, per emulos aut inimicos nostros captivatus fuerit, pro pecunia tanta, pro quanta secundum taxationem valoris bonorum suorum se tunc redimere posse pensabitur, ab eiusdem captivationis vinculis absolvemus, contradictione qualibet procul mota. Ut autem huiusmodi statutum nostrum debitam et perpetuam obtineat firmitatem, sculteti nostri predicti nostreque civitatis nominate sigillis hanc paginam iussimus roborari. Actum anno m. cc. LXVIII., XIII kalendas iunii.

Zur Erläuterung: *in posterum:* von zurückliegenden Gefangennahmen ist nicht die Rede. *concivi:* nur *cives* werden genannt, städtische Söldnertruppen spielen zu dieser Zeit noch keine Rolle. *secundum taxationem valoris:* vielleicht auch nach Maßgabe des zur Bede deklarierten Vermögens.

7. Loskauf nur nach tapferem Kampfe

zu S. 25, 72

7. April 1390. Frankfurt a. M. Besiegeltes Zeugnis des Edelknechtes Winther von Wasem zugunsten des in Gefangenschaft geratenen Johann von Holzhausen des Jungen. Stadtarchiv Frankfurt a. M.; daselbst, Holzhausenarchiv K. 1. — Original Papier mit Spur des Siegels. Vgl. Abb. Nr. 4.

Ich Winther vom Wasen edelknecht bekennen und dun kunt allen den, die dissen briff ansehen oder horend lesen, soliche nydderlage als gescheen ist zuschen Franckinford und Croneberg, do sach ich, als balde ich gefangen waz worden und uffstund, daz Johan von Holtzhusen der Junge neben mir by vier schridden oder funffen uff die rechten siten noch uff sinen knychen und henden lag und vollen uffstund und auch gefangen waz uff der walstad vor der baner. und sprechen daz uff den eid, den ich allen mynen herren getan han, daz dit war ist nach dem als vor erludt had. und wulde man des nyt volliche gleuben, so wulde ich als vil me darzu tun als ich bilche sulde, daz dit war ist als vorgeschriben sted. und des zu orkunde und erkenntnisse so han ich Winther vorgenant myn eigen ingesigel unden an dissen brieff gedruckt. datum anno domini MCCCLXXXX^{mo} feria quinta post festum Pasche.

Zur Erläuterung: *soliche nydderlage:* gemeint ist die Schlacht bei Kronberg im Städtekrieg 1389. *uff der walstad vor der baner*: also nicht geflohen. *Johan von Holtzhusen,* Glied der berühmten, noch heute blühenden Frankfurter Patrizierfamilie. Vgl. dazu F. Lerner, Gestalten aus der Geschichte des Frankfurter Patriziergeschlechts von Holzhausen, 1953, insbes. S. 39 f. — *Winther vom Wasen* Feldhauptmann der Stadt, daher in deren Diensten; deshalb spricht er *uff den eid, den ich allen mynen herren getan han.* — Das Holzhausenarchiv in Frankfurt a. M. enthält zugunsten des Johann von Holzhausen noch zwei weitere besiegelte Zeugnisse, nämlich des Edelknechtes Richwin Breder und des Ritters Eckard von Elkershausen. — Auf die hier mitgeteilte und unter Nr. 4 abgebildete Urkunde hat mich Herr Stadtarchivdirektor Dr. A. Andernacht in Frankfurt a. M. aufmerksam gemacht.

8. Loskauf als Geschäftsführung ohne Auftrag

zu Seite 66

14. Dezember 1415. Cividale. Schiedsspruch betreffend die Wiedererstattung der durch Franciscus de Richeriis, Bürger von Portogruaro, für den Loskauf von 75 Gemoneser Bürgern aus venezianischer Kriegsgefangenschaft aufgewendeten Kosten durch die Kommune Gemona. — Original Pergament 51: 47 cm. Notariatsinstrument des Notars Simon Victoris de Feltro zu Cividale, mit dessen Notariatssignet. — Haus-, Hof- und Stadtarchiv Wien, XIV / 1, Band 5. Den Hinweis auf diese Urkunde verdanke ich Herrn Bernhard Diestelkamp.

In Christi nomine amen. Coram reverendisimo domino et illustri principe Ludovico duce de Thek, sancte sedis Aquilegiensis patriarcha electo.[1]) Exorta lite et questione inter honorabilem et circumspectum virum ser Franciscum de Richeriis, civem terre Portugraonis, ex una parte petentem, et honorabiles et prudentes viros sindicos egregie communitatis terre Glemonensis[2]) ex alia, respondentes, nec non et ser Nicolaum, olim Johannis de Alemania hospitem[3]) habitantem infra Portus Latisane se tercia parte petentem tam quam ser Franciscum de Richeriis quam (litem?) contra comunitatem Glemone predictam super certa quantitate ducatorum et pecuniarum, quam idem ser Franciscus asserebat se precibus et instancia dicte comunitatis Glemone solvisse certis stipendariis[4]) dominii Venetorum pro redemptione certorum civium terre Glemone captivatorum et carcere detentorum tempore guerre novissime contra patriam Foriulii[5]) a Venetiis facte, et super fructibus et redditibus unius possessionis dicti ser Francisci posite iuxta Tarvisium[6]), vendite ad instanciam nobilis ser Georgii Cornario de Venetiis[7]), contra eundem ser Franciscum pro parte talee[8]) dictis stipendiariis promisse ac super certis argentis et equis dictis stipendiariis datis pro redemptione dictorum captivatorum. Et super certa quantitate pecuniarum et ducatorum quam idem ser Franciscus a dicta comunitate petebat pro dampnis expensis et interesse, que ipse causa predictorum transegisse (?) ac fecisse se affirmabat, nec non super cuncta pecuniarum quantitate, quam dictus ser Nicolaus hospes instancia et mandato ser Francisci[9]) supradicti dicebat se exsolvisse dictis stipendiariis pro parte talee captivatorum antedictorum et super dampnis, expensis et interesse, que fecerat et incurrerat dictus ser Nicolaus hospes tam in carcere quo ipse fuit Venetiis detentus propter promissionem et obligationem, quam instancia dicti ser Francisci ipse fecerat pro redimendis captivis predictis, quam et extra carcerem dicte partes, videlicet dictus ser Franciscus de Richeriis suo proprio nomine ac pro se et suis heredibus ex una, et honorabiles et providi viri[10]) ser Pantaleon, olim ser Nicolai de la Villa, et ser Jacobus ab Abbate et magister Daniel Charbo, cives nuncii et sindici comunitatis Glemonensis vice et nomine comunitatis predicte ex alia, et ser Nicolaus hospes supradictus suo proprio nomine ac pro se et suis heredibus adortatione prelibati domini Patriarche electi compromiserunt[11]) in eximium decretorum doctorem dominum Nicolaum de Portugruario decanum Aquilegiensem et in honorabilem et circumspectum virum ser Adam de Formentanis de civitate Austra[12]) alias predictis partibus super premissis auditores deputatos et plenius informatos tamquam in arbitros arbitratores viros bonos et amicabiles et compositores[12a]) de omnibus et singulis causis, litibus questionibus iuribus, questionibus, controversiis, negotiis et differenciis inter dictas partes causa predictorum exortas et que modo aliquo exoriri poterunt usque ad presentem diem ac super omnibus et singulis predictis et quolibet predictorum et eorum dependentibus et connexis cum iuramenti interpositione (?), et adiecta (?) pena centum ducatorum auri solempni stipulacione interveniente, ut patet instrumento[13]) notato per me notarium infrascriptum.

Comparentibus itaque coram dictis domino Nicolao et ser Adam arbitris et compositoribus et amicis predictis ser Francisco de Richeriis suo nomine et ser Pantaleone et ser Jacobo ab Abbate et ser Daniele de Glemona nomine comunitatis Glemone nec non ser Nicolao hospite habitante in Portulatisana suo proprio nomine ad hanc diem et horam certam per doctos dominos arbitros et arbitratores datam et designatam ad audiendum eorum arbitrium, concordiam et amicabilem compositionem per ipsos ferendam et promulgandam et instantibus dictis partibus, ut dicti domini arbitri pronunciarent eorum arbitrium et compositionem, MEMORATI domini arbitri et amicabiles compositores, cupientes laboribus, pecuniis et expensis obviare[14]) ac litis controversiam et questionis ac differencie omnem materiam tollere pro bono et honestate eorum, Christi nomine invocato inter predictas arbitrati et arbitermentati (sic) fuerunt, amicabiliter composuerunt, laudaverunt[15]) et mandaverunt ut inferius continetur: PRIMO arbitrati fuerunt et amicabiliter exposuerunt, quod honorabilis et circumspectus vir ser Franciscus de Richeriis de Portuaonis recte gessit opus pietatis et pie miserationis in honorabilibus et bonis civibus septuaginta quinque numero terre Glemonensis captivatis in guerra nuper in patria Foriiulii a Venetis facta et in forcia[17]) Charoli de Piglis, tunc Venetorum et sociorum eius, tunc detentis, et quod tractando et procurando personaliter per se ipsos ac per consanguineos et amicos eius redemptionem captivatorum civium de Glemona et pro eorum talea personaliter et realiter se obligando dictus ser Franciscus egit tam in comunitate Glemone quam in civibus eius, precipue in carcere detentis, pietatis et caritatis officium perpetuo promovendum. Insuper arbitrati fuerunt et composuerunt, quod comunitas ipsius terre Glemone eiusque cives plene et provide recognovit (sic) tam scriptis quam verbis pietatem dicti ser Francisci fideliter et caritative ab eo gestam et labores eius et magna incommoda. Et virtute gratitudinis eadem comunitas et cives Glemone publice recognoscent et in posterum recognocere non desinent omnia et singula que in premissis ipsè fideliter et pie peregit.

S e c u n d o arbitrati sunt et amicabiliter composuerunt quod comunitas terre Glemone dicto ser Francisco vigore mandati ipsius comunitatis olim ser Francisco dati et ab eo acceptati ad redimendum de captivitate cives predictos fuit et est obligata in pecuniarum summis et quantitatibus infrascriptis: primo in ducatis quingentis auri, quibus pro solvendo mille ducatos pro parte talee supradicte vendita fuit una possessio[18]) ipsius ser Francisci posita iuxta Tervisium, ad instanciam nobilis ser Georgio Cornario, civis Veneciarum, et in ducatis quadraginta tribus datis pro cartis sive instrumentis unius sive que fuit ser Georgio Corrario contra eundem ser Franciscum Venetiis promulgata propter predictam ... et in ducentis duodecem expositis pro solucione (?) instrumentorum sentencie predicte et carte cancellature, de quibus quingentis et quinquaginta quinque ducatis predictis loquuntur certa publica instrumenta ab ipso ser Francisco coram ipsis producta super vendicione possessionis predicte; mandantes quod comunitas Glemone quingentis et quinquaginta quinque ducatis realiter et cum effectu dicto ser Francisco solvat et tradat usque ad vigesimam diem proximi mensis decembris ducatos ducentos et quinquaginta quinque, residuum vero[19]) ducatos trecentos solvat et tradat eidem usque ad festum dominice resurretionis proxime.

TERCIO principaliter arbitrati fuerunt et amicabiliter composuerunt comunitatem Glemone predicto ser Francisco esse obligatam pro fructibus[20]) et redditibus supradicte possessionis predicti ser Francisci, quos a die facte contra eum venditionis non percepit et percipere non potuit usque in diem presentem in ducatis auri centum viginti quinque, in quibus arbitrando et amicabiliter componendo eandem comunitatem pro dictis fructibus ipsi ser Francisco condempnarunt dandis ad festum nativitatis anni millesimi quadringentesimi decimi futuri de proxima, imponentes nichilominus ipsi ser Francisco perpetuum silencium supra petitis per eum, aut que peti possent ultra quantitatem predictam occasione fructuum et reddituum antedicte possessionis.

QUARTO arbitrati fuerunt et amicabiliter composuerunt quod comunitas Glemone sit obligata et solvat et eam (?) ad solvendum condempnaverunt dicto ser Francisco ducatos centum octuaginta tres pro precio tam equorum quinque datorum[21]) super dicta talea civium redemptorum supradictorum quam pro precio ceteri argenti venditi ducatis viginti quinque., declarantes et mandantes, quod si de predictis centum octuaginta tribus ducatis honorabilis vir ser Nicolaus de Cramis, civis Glemone, gener ipsius ser Francisci, promissionem fecit et debitorem ipsi ser Francisco sese obligabit dicto ser Francisco ad dandum sibi quantitatem predictam, et dictus ser Franciscus tunc debeat ipsi comunitati plenariam finem facere.

QUINTO arbitrati fuerunt et amicabiliter composuerunt quod comunitas Glemone fidem faciat de satisfactione octuaginta trium ducatorum, quos dicta comunitas dicit se solvisse ser Rizardo de Barisano Tervisio, et hanc probationem faciat[22]) usque ad festum resurrectionis proxime venturum. Elapso dicto termino comunitas Glemone teneatur conservare indempnem dictum ser Franciscum contra dictum ser Rizardum predictum.

SEXTO arbitrati sunt et amicabiliter composuerunt, quod comunitas Glemone sit obligata, et ita eam condempnaverunt dicto ser Francisco in libris sescentis solidis tam pro dampnis omnibus et singulis quam pro interesse ab eo petitis coram dictis dominis arbitris et que quomodolibet petere poterunt ratione et causa redemptionis predicte e t g e s t o r u m p e r s e i p s u m a u t a l i a s p e r s o n a s quascumque interpositas pro redemptione predicta et ab ea dependentibus et connexis mediate vel immediate, quam etiam pro omnibus et singulis sumptibus et expensis ab ipso ser Francisco per se vel per alios hactenus qualitercumque, ubicumque et quomodocumque factis pro redemptione et talea supradictis, vel pro secutis ex illis mediate vel inmediate. Mandantes comunitati predicte sub pena in compromisso expressa, quatenus dictas sexcentas libras debeat tradidisse et solvisse dicto ser Francisco usque ad primam diem augusti proximi, silencium quoque imponentes ipso ser Francisco super omnibus et singulis dampnis, interesse et expensis predictis, exceptis libris sexcentis per hoc arbitrium et amicabilem compositionem sibi adiudicatis.

Arbitrati fuerunt insuper et amicabiliter composuerunt comunitatem Glemone teneri ad dandum provido ser Nicolao[23]) olim ser Johanni de Alemania habitanti in Portulisane ducatos quinquaginta quatuor pro resto solutionis quingentorum ducatorum, quos ipse ser Nicolaus fuit compulsus solvere atque solvit pro parte taleae civium de Glemona de carcere redemptorum, quia fideiusserat ipse ser Nicolaus mandato ser Francisci de Richeriis illos redimentis. Item arbitrati fuerunt et composuerunt ac condempnaverunt comunitatem Glemone ad dandum et solvendum dicto ser Nicolao ducatos quinquaginta sex auri pro omnibus et singulis dampnis et interesse ac pro omnibus et singulis expensis ab ipso ser Nicolao tam in carcere quadragintaquinque diebus, quibus pro predictis fuit detentus, quam extra carcerem (sic) factis . . . quomodolibet progr. . . . et incubentibus sibi personaliter vel in bonis aut rebus pro redemptione et talea pretiis et obligatam de se et bonis suis mandato ser Francisci olim factam aut occasione predictorum vel alicuius eorum vel del dependentium (?) . . . predicti vel aliquo predictorum. Item imposuerunt perpetuum silencium ipsi ser Nicolao super omnibus et singulis per eum coram predictis dominis arbitris et amicabilibus compositoribus petitis pro dampnis, interesse et expensis predictis contra ser Franciscum . . . absolverunt dictum ser Franciscum a petitione eiusdem et ab omni sententia contra dictum (?) . . . ser Franciscus pro dicto ser Nicolao super premissis lata, mandantes ser Nicolao predicto, ut statim finem et quietantiam[24]) faciat de predictis ser Francisco. Et actionem habeat pro predictis dampnis, interesse et expensis contra comunitatem Glemone ad quinquaginta sex ducatos, in quibus eam ut supra condempnarunt.

Mandaverunt insuper dicti domini arbitri et amicabiles compositores, ut omnia et singula in quolibet et singulo de predictis contenta quelibet pars debeat observare sopena[25]) centum ducatorum tocies committenda, quocies fuerit confectum pro quolibet capitulo et vice qualibet, in qua consedit. Er nichilominus in omnibus hic contenta suam perpetuam firmitatem (?).

Item arbitrati fuerunt postremo et ultimo, et condempnaverunt comunitatem Glemone obligatam et discretam fore ad faciendum expensas pro publicacione[26]) presentis arbitrii et amicabilis compositionis, et quecumque dictus ser Franciscus pecierit et requisiverit sive rogaret per notarium predictum arbitrium et amicabilem compositionem sibi publicari debere.

Actum, promulgatum et publicatum fuit presens arbitrium, arbitramentum et amicabilis compositio in civitate Austra, in domo Nicolai de Portogruario, arbitri supradicti, in salla ante cameram eius, presentibus providis viris Thoma condam Nadoni de Formentinis de civitate Austria, Gasparino condam Johannis Zarnelii de Portu Latisane, Johanne de Distinuncio, spiritualis curie Patriarchalis Aglegiensis, et Ani... de Conigliano familiare predicti domini Nicolai arbitri, testibus ad premissa et quodlibet premissorum adhibitis et rogatis. Anno Domini millesimo quadringentesimo quintodecimo, indictione octava, quartodecimo mensis decembris. Eisdem anno et mense, die et loco, et presentibus testibus antedictis partes predicte expresse et voluntarie simul et singulatim deprobaverunt, laudaverunt et emologaverunt[27]) omnia et singula contenta in arbitrio et arbitramento et amicabili conpositione suprascripta, et illi per se et suos heredes observare perpetuo promiserunt cum novi iuramenti interposicione. et ibidem statim dictus ser Nicolaus hospes fecit finem, remissionem, quietanciam[28]), solucionem et pactum de ulterius non petendo a dicto ser Francisco et eius heredibus aliquid causa vel racione predictorum.

Et ego Simon Victoris de Feltro, huius civitatis Austre publicus imperiali auctoritate notarius scribaque spiritualis Curie Patriarchalis Aglegie interfui omnibus et singulis predictis dictis, dictatis, arbitratis et amicabiliter conpositis et declaratis singulis quam et omnibus aliis predictorum, eaque rogatus per dominum P. Franciscum de Richeriis iussuque supradictorum dominorum arbitrorum et amicabilium compositorum scripsi et in hanc publicam formam redegi meisque solitis signo et nomine roboravi in fidem et testimonium omnium et singulorum premissorum.

Zur Erläuterung: [1]) *Coram Ludovico duce de Thek... patriarca electo:* Teck war im Mittelalter ein kleines Herzogtum in Schwaben. Mit dem hier genannten Herzog Ludwig, Patriarchen von Aquileja, ist das Geschlecht 1439 ausgestorben. — [2]) *terra Glemonensis: Gemona* oder *Glemona* wird erstmalig bei Paulus Diaconus als *Castrum Glemonae* erwähnt, wovon sich im Mittelalter und in der frühen Neuzeit die deutsche Bezeichnung *Glemaun* ableitet. Die im Mittelalter bedeutende Handelsstadt stand zwischen 1077 und 1420 unter der weltlichen Herrschaft der Patriarchen von Aquileja. Der Krieg, in dessen Verlauf die in unserer Urkunde behandelten Loskaufverhandlungen stattgefunden haben, ist ein Teil der jahrelangen Auseinandersetzungen zwischen König Sigismund (bzw. dem Patriarchen von Aquileja) und Venedig. Diese Kämpfe endeten mit dem Sieg Venedigs. Lit.: P. S. LEICHT, Studi di Storia Friulana, Udine 1953; H. SCHMIDINGER, Patriarch und Landesherr. Die weltliche Herrschaft des Patriarchen von Aquileja bis zum Ende der Staufer, Graz und Köln 1954. — Für die vorstehenden landesgeschichtlichen Hinweise bin ich Herrn Helfried VALENTINITSCH in Graz zu Dank verpflichtet. — [3]) *ser Nicolaus hospes:* ein dritter Beteiligter, Gastwirt, der ebenfalls Ansprüche aus dem Loskaufgeschäft geltend macht. — [4]) *stipendiarii:* Söldner. — [5]) *patria Foroiulii:* das Land Friaul. — [6]) *Tarvisium:* Tarvis, heutiger Grenzort zwischen Österreich und Italien. — [7]) *Cornaro:* ein berühmtes venezianisches Geschlecht. Besonders bekannt sind der Humanist Stefano Cornaro und Caterina Cornaro, die Gemahlin Jakobs II. von Zypern. — [8]) *talea*, frz. *taille*, Abgabe, hier Loskaufgeld. — [9]) *instancia et mandato ser Francisci:* der Gastwirt Nicolaus hat im Auftrage des Franciscus de Richeriis Aufwendungen und Zusagen im Interesse des Loskaufes der gefangenen Gemoneser gemacht, ja deswegen zu Venedig Haft erduldet (als Bürge, als Geisel?). Auch Nicolaus macht Ansprüche geltend; stehen ihm solche gegen Franciscus zu oder gegen die Stadt Gemona? — [10]) *honorabiles et providi viri:* hier beginnt die Partei der Verpflichtungen, der Rat der Stadt Gemona. — [11]) *compromiserunt:* sie haben sich auf ein Schiedsgericht geeinigt. — [12]) *civitas Austra:* Cividale. — [12a]) *arbitros, arbitratores* usw.: Zu dieser Formel vgl. K. S. BADER, Arbiter arbitrator seu amicabilis compositor, ZRG (KA) 77 (1960), S. 239. — [13]) *ut patet instrumento:* die Parteien haben sich in einem vorhergehenden notariellen Vertrag durch Eid und Vertragsstrafe zur Innehaltung des jetzt zu fällenden Schiedsspruches verpflichtet. — [14]) *laboribus ... et expensis obviare:* ein ordentlicher Prozeß würde Mühe und Kosten bringen. — [15]) *laudaverunt:* sie haben für gut befunden. — [16]) *recte gessit:* hier und im folgenden sind im Abdruck der Urkunde die romanistischen Termini der negotiorum gestio durch gesperrten Druck gekennzeichnet. — [17]) *forcia:* Festung, „Fort". — [18]) Zur Erfüllung des Loskaufanspruches Venedigs in Höhe von 1000 Dukaten hatte Franciscus u. a. auf Ersuchen des Giorgio Cornaro sein Landgut bei Tarvis im Werte von 500 Dukaten verkaufen müssen. — [19]) *residuum vero:* für die Summe von 550 Dukaten werden der Stadt Gemona zwei Raten bewilligt. — [20]) *pro fructibus:* die Stadt Gemona muß dem Franciscus weitere 125 Dukaten für die durch den notwendigen

Verkauf des Landgutes bei Tarvis entfallene Fruchtziehung zahlen. Franciscus hatte diesen Verlust höher geschätzt, für diesen Mehrbetrag (*ultra quantitatem predictam*) wird ihm jedoch ewiges Schweigen auferlegt (*perpetuum silencium*). — [21]) *pro precio equorum quinque datorum* usw.: wir erfahren, was Franciscus weiter für die Lösung der Gefangenen aufgewendet hat: fünf Pferde und Silber (Tafelsilber ?). Wegen dieses Anspruches gegen die Stadt Gemona soll Franciscus befriedigt sein, sobald ihm Nicolaus de Gramis, Bürger von Gemona und sein eigener Schwiegersohn, ein förmliches Schuldversprechen erteilt haben wird; wahrscheinlich durch notarielle Schuldurkunde. — [22]) *Comunitas Glemone ... probationem faciat:* Gemona will auf die Ansprüche des Franciscus bereits 83 Gulden an einen Dritten, ser Rizardo in Tarvis, gezahlt haben; die Stadt mag das bis Himmelfahrt beweisen; tut sie das nicht, so muß sie den gleichen Betrag an Franciscus zahlen. — [23]) *comunitatem Glemone teneri provido ser Nicolao:* die Ansprüche des ser Nicolaus wegen Aufwendungen zum Loskauf sind gegen die Stadt selber begründet, n i c h t gegen ser Franciscus. — [24]) *quietantia:* Quittung. — [25]) *sopena:* ein Italianismus; Konventionalstrafe. — [26]) *expensas pro publicacione:* diese Kosten muß die unterlegene Stadt bezahlen. Offenbar sind es die Kosten der notariellen Beurkundung und der Ausfertigung für Franciscus. — [27]) *emologare* = homologare: zustimmen. — [28]) *quietanciam:* ser Nicolaus hat sofort die ihm in diesem Schiedsspruch auferlegte *quietancia* gegenüber ser Franciscus geleistet.

9. Sklavenbriefe

a) Brief eines Sklaven an seinen Vater in Lübeck vom 20. Juli 1629

zu Seite 19

Abdruck in Zeitschrift f. Lübeckische Geschichte, Bd. 4, S. 160

Ick byn vor 200 Stück von Achten verkofft, denn under 300 kann ick nicht wedder van em. Denn ick weth vol datt idt in Juwer Vermögen nicht is, sunder Gott der Allmechtige, de wertt my armen Elenden ansehen.

Heinrich Hagen, Slave in Assers.

b) Die Ehefrau eines Sklaven schreibt an den Rat zu Hamburg
Staatsarchiv Hamburg, A VII, Lit. Ca, Nr. 2, Vol. 3, fasc. 2

Der arme Schlawe Jürgen Windt, auf Schiffer Barthold Bulls Schiff, ist den 14. October ao 1710 bey der Capo Sanct Vincents von einem Galeer-Seeräuber genommen den 8. November zu Salee an Landt, und den 10. dito nach Mikenes gebracht.

Anna Windts,
des Schlawen seine Ehefrau

c) Ein Mittelsmann bittet den Rat zu Hamburg mit Schreiben vom 11. August 1707 um Erstattung gezahlter Lösegelder.

Staatsarchiv Hamburg

Daß Schiffer Johan Henrich Vos durch den zu Algiers residirenden englischen Consul Monsieur Robert Cole umb 3 tausendt zweihundert zwey und sechzig stück von 8ten (welche hiesig Courant geldt reichlich elfftausendt sechshundert Mark machen) aus selbiger Schlawerey erkaufft, glücklich und gesundt, Gott danck, zu Marseillen angelangt, und von dannen auf der Reyse anhero begrieffen, habe ich nicht allein mit diesem attestieren, sondern auch diesen redlichen Mann wegen seines Wohlverhaltenß, und weil ihm eine so starcke Summe aufzubringen unmöglich, unserer hochlöblichen Admiralität kräftigst zu recommendiren die Freyheit nehmen wollen, mit gantz freundlicher Bitte, ihm in seinem betrübten Zustand so viel als möglich beyzustehen, und den Segen ihrer Cassa dahingegen von Gott, von mir aber alle Dienstfertigkeit und Erkantnis gewärtig (zu) sein.

Hamburg den 11. August 1707
Unterschrift (unleserlich)

d) Der Sklave Winkelhannes aus Bellersen (über Höxter) bittet seinen Landesherren, den Bischof von Paderborn, mit Schreiben vom 8. Nov. 1787 um Loskauf.

Ihro Hochfürstlich Gnaden durchleichtigster Printz.
Mein allergnädigster Herr herr usw.

Ich armer bitte Unterthänigst. zu vergeben daß ich mein Schreiben. an ihro durchleichtigsten Printzen Ergehen laße. in deme ich nach Gott Einzig und allein meine Zukunft zu ihro Gnaden meinen allergnädigsten Landesherren suche, hoffe meine Bitte erhöret zu werden.

Ich Johannes Winlehannes von den [*stattdessen:* der] Paderpormschen auß Pelersen deß fürstenthum von Neuhaus gebürtig, von der Dioces Churfürstenthum Cöllen. Mein Vatter hermanns und meiner Muetter Maria Elisabetta Abgentz, deßen Ehlich Erzeigte Sohn stunde in spanischen Dienste untter dem löbl. Regiment Provante geriethe Sclavische Gefangenschaft worinnen ich schon über zwei Jahre lang in diesem so erbermlichen Leben bin, Wenn man sollte sprechen das Ellend der Christen unde wie sie von diessen Barbaren dractieret werden, ist mir unmöglich zu schreiben, und die teglichen Nahrung bei so schwerer Arbeit miserable Kleidung sollte ein steinernes Herze zum Mitleiden bewegen. Doch meiner seits Gott sei Dank habe ich einen guetten Patron bekhomen, welcher der erste Minister nach dem Bei ist, und wird Casnätzi genannt, wo ich an Unterhalt undt Kleidung keinen Mangel leidte doch in bedenkung ein Sklave den Christenthum Entzogen, und meiner Schuldigkeit als ein Christ nit nachkommen kann. Keinen Trost. Undt zuflucht bei keinen Menschen mich dieses Jemerlichen Standes zu entziehen, so setze ich nun mein Vertrauen und Zuflucht zu ihro hochfürstliche gnaden Kniefehlich mit bitteren Thränen bittend durch das bittere Leidten und Sterben Jesu Christi sich meine zu erbarmen, mich dieses Ellenden Sclaven-Stande Loß zu machen und mir wiederum in mein liebes Vatterlandt zu verhelfen es ist in Wahrheit es ist Villes Gelt nachendt bei Dreihundert Ducaten, doch wird solches Gott der Allmechtige solches an ihrer hoch fürstliche Gnaden reichlich vergelten bittend anbey dieses mein Schreiben an meine libe Eltern und befreunde wissen zu thun, so sie annoch bei Leben seyen mochten laße sie ebenfalls freundlich grüssen und bitten, sie mochten ebenfalls bei ihro hochfürstlichen Landesherren vor mich bitten und in ihren Gebett bei Gott vor meine Guet Detter und Erlöser dieses Elendes ingedenk sein. Schliesse mit bitteren Thränen und verharre an ihro Hochfürstliche Gnaden

Ein aller unterthänigster Unterthan
und Diener

Johannes Winkelhannes Sclav de Minister

Casnaczi in Algier.

So ein Schreiben an mich überschickt werden sollte, ist solches an Monsieur Walther Consul de Schvede zu attressiren und muß solches bis nach Marseilo frangierent werden.

Signt. Algier in Barbaria
den 8ten November an. 1787.

Zur Erläuterung des Briefes von Winkelhannes. Dieser Brief ist durch Aufzeichnung des Drosten August von Haxthausen überliefert, eines Onkels der Dichterin Annette von Droste-Hülshoff. Haxthausen hat die wirkliche Geschichte nach Gerichtsakten abgeschrieben und 1818 unter dem Titel „Geschichte eines Algierer Sklaven" veröffentlicht. Annette von Droste hat die Aufzeichnungen ihres Onkels gekannt und das Motiv des aus der Sklaverei heimkehrenden Gefangenen in ihrer Novelle „Die Judenbuche" verwendet (1842). Dort erscheint Winkelhannes unter dem Namen des entflohenen Mörders Friedrich Mergel. Auch der wirkliche Winkelhannes ist ein Mörder gewesen, den aber die Behörden nach seiner Rückkehr nicht mehr verfolgt haben. Der damalige Gerichtsherr von Haxthausen hat nämlich den preußischen Regierungspräsidenten in Paderborn P. H. v. Coninx um Rat gefragt, und dieser antwortet, man möge den Winkelhannes ungekränkt lassen, denn 24 Jahre Sklaverei seien der Todesstrafe gleichzusetzen. — Abdruck des Sklavenbriefes und der Beziehungen zu Annette von Drostes Judenbuche bei Heinz Rölleke, Annette von Droste-Hülshoff „Die Judenbuche". Commentatio, 1970, daselbst S. 94—98. — Den Hinweis auf Annette von Drostes Judenbuche verdanke ich meinem Freund Paul Requadt in Mainz. — Zu Annettes Judenbuche vgl. auch Erik Wolf, Vom Wesen des Rechts in Deutscher Dichtung, 1948.

Einzelheiten zu dem Brief des Winkelhannes. *Hochfürstlich Gnaden:* Graf Friedrich Wilhelm v. Westphalen (1782—1789), Fürstbischof von Paderborn, Bischof von Hildesheim. — *Regiment Provante:* ein spanisches Infanterieregiment mit Namen "Bravante" (Brabant ?). — *guetten Patron:* offenbar darf der Sklave nicht über seinen Gewalthaber Klage führen, sondern allein über seine Glaubensnot; diese war ja auch von jeher das eigentliche Motiv zumal des kirchlichen Loskaufes. — *Dreihundert Ducaten:* das von dem Patron geforderte Lösegeld. — *guet Detter:* Wohltäter. — *Erlöser* hier im alten Sinne des Wortes Befreier. — *Sclav de Minister Casnazi:* Sklave des Ministers C. — *Consul de Schvede:* wie so oft vermittelt der Konsul einer europäischen Macht den Loskauf, hier der schwedische Konsul in Algier; vgl. oben S. 55.

10. Loskauf als Staatsgeschäft

zu S. 36

Bericht der „Zu den Convertitensachen verordneten Räte“ an den bayerischen Kurfürsten wegen Loskaufes des Johann Ignatius Sailer vom 14. Sept. 1662. — Bay. Staatsarchiv München F. 1259.

Die Vorgeschichte: Ein bayerischer Untertan J. G. Sailer ist in türkische Sklaverei gefallen. Er liegt in Tripolis. Ein Hauptmann Oberndorfer hat darüber in einer „Attestation“ an einen Mons. Daniel de Breul in Venedig Mitteilung gegeben; das Lösegeld soll nach dieser Attestation mindestens 400 Reichstaler betragen. Mons. de Breul — wohl eine Art Loskaufagent — hat diese Attestation mit einem Begleitschreiben von seiner eigenen Hand an einen Verwandten des Gefangenen mit gleichem Familiennamen, den kurfürstlich bayerischen Kammerdiener Augustin Sailer gesandt („Venedig den 26. Agosto 1662“; offenbar ist zur Loskaufinitiative in erster Linie ein Verwandter berufen). Augustin Sailer hat sich darauf mit einem weiteren Begleitschreiben aus seiner eigenen Feder an die für Loskäufe zuständige Behörde gewandt, das sind die „Zu den Convertitensachen verordneten Räte“. Die Behörde hat jedoch Bedenken wegen der Höhe des mitgeteilten Lösegeldes und ersichtlich auch zur Glaubwürdigkeit des Sachverhaltes. Sie berichtet deshalb an den Kurfürsten mit dem Vorschlag, von Amts wegen einen Kommissar für den Loskauf zu bestimmen. — Den Brief des Mons. de Breul haben die Räte zurückbehalten, er befindet sich nämlich im Original bei den Akten der Räte (in gebrochenem Deutsch, italienisch untermischt, streckenweise unverständlich). Es fehlen hingegen bei den Akten der Räte die „Attestation“ des Hauptmanns von Oberndorf und das Anschreiben des Augustin Sailer; diese zwei Papiere sind wahrscheinlich dem Bericht der Räte an ihren Kurfürsten beigefügt worden. — Die Entscheidung des Kurfürsten ist nicht erhalten.

Der Bericht:

Durchleuchtigster Churfürst, Gnädigster Herr.

Eur Churfürstlichen Gnaden Cammerdieners Augustin Sailers vatter Johann Ignatius Sailer, des gewesten Gerichtsschreibers zu Hengesberg Sohn, wirdet laut mitgehender, von dem haubtman Oberndorfer gestalter attestation zu Tripoli in der Barbaria gefangen enthalten, worauß er, ein Oberndorfers Vorgeben nach, unter 400 Reichsthaler Ranzion nit khan erlediget werden. weillen aber diser gefangne ainige [eigne] mitl zu seiner liberation nit hat, bemelter Augustin Sailler als desselben vetter ihme von denn für die in Turkhischer gefangenschafft ligende Christen verordneten geltern, gedachte Summa gelts gnedigst ausfolgen zu lassen unterthenigst bitten thuet.

Nun halten wir zwar unsers orths für billich, daß mehrgedachter gefangne Sclav, als auch ein geborenes landtkind, auß christlichem mitleiden, auß seinem elendt zu helffen. weilen uns aber ein so starkhe summa von 600 fl. [?] zu verwilligen, nit geburt, noch auch wissent, ob er aigentlich sovil brauchte, und auf was weis oder weg demselben ein hilf khan ybermacht werden?

Alß haben Eur Churfürstliche Gnaden wir solches underthenigst berichtlichen anfragen sollen, ob dieselben iemanten, welcher gehöriger orthen umb des gefangenen Erledigung tractiren thue, zu verordnen gefällig sein werde? Eur churfürstlichen Gnaden uns anbey underthenig und gehorsambist befelchend. München den 14. September 1672.

Underthenig gehormsamiste zu den Convertitensachen verordnete Räthe

G. St. Meychel, manu propria.

Rückseite:

Underthenig gehorsamister Bericht
Johann Ignatius Sailler Türkischen
gefangnen betreffend.

Zur Erläuterung: *Gerichtsschreiber:* damals ein höheres Amt als heute; der Vater des Gefangenen und sein Fürsprecher sind Beamte und Landeskinder. — *Hengesberg:* heute Hengersberg. — *Barbaria:* an sich das Land der Berber, aber früher durchweg mit dem Land der Barbaren gleichgesetzt. — *bemelter Augustin:* hier beginnt der Hauptsatz; *helffen:* hier intransitiv. — *ob er aigentlich sovil brauchte:* die Räte bezweifeln wohl mit Recht die geforderte Summe, schon weil sie dem Loskaufagenten nicht trauen. Wahrscheinlich ist er ein windiger Bursche. Es kam anscheinend häufig vor, daß das Lösegeld fälschlich so hoch benannt wurde, daß dabei noch ein Entgelt für den Agenten heraussprang. Der Staat als Loskäufer sucht hier wie überall die Agenten zu ignorieren und zu übergehen. Auch deshalb legt der zum Loskauf geneigte Staat oder das sonst zuständige Gemeinwesen Wert darauf, daß ein Verwandter des Gefangenen als Bittsteller auftritt. — *auf was weis oder weg ein hilf khan ybermacht werden:* der Weg über den Mons. de Breul wird gar nicht erst als möglich vorgeschlagen, ja nicht einmal sein Schreiben erwähnt. — *gehöriger orthen:* wohl in Tripolis selber; wahrscheinlich ist an einen der dort amtierenden Konsuln eines europäischen Staates gedacht; vgl. oben S. 55, 122.

11. Ein Friedensvertrag zwischen Hamburg und Algier

zu Seite 70

a) Der Friedensvertrag vom 22. Februar 1751. Abdruck (Auszug) nach P. D. W. Tonnies, Geschichtliche Darstellung der Barbareskenstaaten und ihrer Verhältnisse zu den Europäischen und Vereinigten Nordamerikanischen Staaten. Mit besonderer Hinsicht auf die Freie Hansestadt Hamburg. Hamburg 1826, Seite 124.

Art. XI

„Wann die Hamburgischen Krieges-Schiffe auf der Algierischen Küste ankern, „und einige Christen-Sclaven Hamburgischer, oder anderer Nationen, an deren „Bord flüchten, und sich dergestalt in Freiheit zu setzen suchen, so mag die „Regierung zu Algier solche wieder abfordern lassen, und die Capitainen der „gedachten Hamburgischen Schiffe sollen sodann verbunden seyn, selbige zurück „zu geben. Gesetzt auch, wenn dergleichen Christen-Sclave sich heimlich davon „gemacht hätte, ohne dass man dessen gewahr worden wäre, und er sich nach„gehends auf der Christen Grunde und Boden sehen liesse, so sollen besagte „Hamburgische Schiffs-Capitainen verpflichtet seyn, ihn anzuhalten, und nach „Algier zurück zu senden.[1]) Dieser Artikel ist unter solcher ausdrücklichen „Bedingung geschlossen worden. Gegeben den 26sten Rebbiul Ewel 1164, „welches ist der 22ste Februar 1751."

Art. XII.

„Die Unterthanen von Hamburg sollen in Zukunft[2]) in dem Algerischen „Reiche, unter welcherley Vorwande es auch sey, weder gekauffet, noch ver„kauffet, noch zu Sclaven gemacht werden können. Es verbindet der gegen„wärtige Friedens-Tractat die Hamburger keinesweges, die für jetzo zu Algier „befindlichen Sclaven ihrer Nation wieder zu kauffen. Wollen sie es aber thun, „so soll solches bey ihnen stehen, wann es ihnen gefallen wird, ohne dass ihnen „dessfalls ein Termin vorgeschrieben wird. Sie können es auch thun, wenn die „Freunde und Verwandte der Sclaven etwas mit dazu beytragen, oder zu „welcher Zeit und auf was Weise es ihnen sonst am besten zuträglich seyn mag. „Des Preises halber mögen sie mit den Patronen[3]) besagter Sclaven sich ab„finden, indem sothane Patronen nicht verbunden sind, ihre Sclaven zu einem „bestimmten Preise zu verkauffen. Eine gleiche Beschaffenheit hat es mit den„jenigen, welche dem *Baylik* (d. i. der Regierung) oder dem Pacha, oder Privat„Personen zugehören. Wenn man denn solchergestalt die Hamburgischen Scla„ven wieder frey kauffen wird, so sollen die Abgaben, oder Zölle, nach dem „gewöhnlichen Gebrauche, ohne dieselbe im mindesten zu erhöhen, reguliret wer-

„den. Gegeben den 26sten Rebbiul Ewel 1164, welches ist der 22ste Februar „1751."

Zur Erläuterung: [1]) Im 18. Jh. herrschte längst der Rechtsgrundsatz, daß ein Sklave, der europäischen Boden betritt, dadurch frei wird. Als erster hat ihn der französische Rechtsgelehrte Antoine Loisel um 1600 formuliert: „Toutes personnes sont franches en ce royaume et sitot qu'un esclave a atteint les marches d'icelui, se faisant baptiser, est affranchi" (zitiert nach Olivier-Martin, Histoire du droit français [12]1951 Nr. 475). Diese staatsrechtliche Errungenschaft wird in unserem Vertrage wegpaktiert. Vgl. Preuß. Allgemeines Landrecht II 5, § 196: Sklaverei soll in den Königlichen Staaten nicht geduldet werden. — [2]) *In Zukunft:* die bestehenden Sklavereien blieben also bestehen. Die nachfolgenden Bestimmungen über sie sind nahezu wertlos. — [3]) Patrone: die Eigentümer der Sklaven.

b) 28. Juli 1752. Notifikation über die Annullierung des Friedensvertrages vom 22. Februar 1751. Abdruck bei P. W. D. Tonnies, a. a. O., S. 132.

„NOTIFICATION
die Wiederaufhebung des zwischen der Regierung zu
Algier und der Stadt Hamburg errichteten
Friedens betreffend."

„Wir, Bürgermeister und Rath der Stadt Hamburg, fügen hiemit zu wissen. „Demnach, zur Wiedererlangung der, durch den im jüngst abgewichenen Jahre „zwischen der Regierung zu Algier und dieser guten Stadt errichteten und ge-„schlossenen Frieden, ohne alles unser Vermuthen, leider! auf einmal verlornen „höchst schätzbaren Gnade Sr. Königl. Catholischen Majestät, und zur völligen „Wiederherstellung und ungehinderten freien Fortsetzung des seithero verboten „gewesenen Hamburgischen Commerce nach den Spanischen Landen, es un-„umgänglich erfordert worden ist, den vorerwähnten Algerischen Frieden gänz-„lich wiederum aufzuheben und zu cassiren, und Wir demnach, aus den an-„geführten höchst dringenden Ursachen, sothanen Frieden gänzlich wiederum „aufgehoben[1]) und cassiret, auch an den Dey zu Algier die des Endes nöthige „Declaration, unterm 21sten dieses, ausgefertiget und abgelassen haben; als wird „solches allen und jeglichen, denen daran gelegen ist, um sich in ihrer Handlung „und Schiffahrt darnach zu richten[2]), öffentlich hiedurch bekannt gemacht. *„Actum & decretum in Senatu publicatumque sub Sigillo, Veneris d. 28. Jul. „1752."*

Zur Erläuterung: [1]) *sothanen Frieden gänzlich aufgehoben:* Das Problem der Zulässigkeit einseitiger Aufhebung des Vertrages wird übergangen. Immerhin hat der Dhey zu Algier eine Deklaration über den Rücktritt Hamburgs vom Vertrage erhalten. [2]) *sich darnach zu richten:* Warnung der Hamburgischen Reeder vor dem Wiederaufleben der Kaperei in den Gewässern des Mittelmeeres. Die Exportkaufleute müssen ihre Ware nun unter anderen Flaggen verschiffen.

Die Kurzlebigkeit des Vertrages zwischen Hamburg und Algier ist zwar kraß, sie bildet aber keine Ausnahme; auch andere europäische Nationen haben mit den Staaten des Maghreb Verträge geschlossen, die entweder unwirksam blieben oder bald gebrochen wurden. Auf längere Zeit konnte ein solcher Vertrag nur wirksam bleiben, wenn er von laufenden jährlichen „Ehrengeschenken" an den Dhey oder Bey begleitet wurde, von denen der Vertrag aber schwieg. Im Grunde handelte es sich um Tribute.

12. Friedrich der Große verbietet für den Fall seiner Gefangennahme seinen Loskauf

zu Seite 83, 96

Geheime Instruktion für den preußischen Staatsminister Graf Karl Wilhelm Finck von Finckenstein vom 10. Januar 1757. Eigenhändig und gesiegelt. Abdruck nach A. Naudé, Die politische Korrespondenz Friedrichs des Großen, Berlin 1886, Bd. 14, 1756—1757, Seite 197, Nr. 8520.

AU MINISTRE D'ÉTAT COMTE DE FINCKENSTEIN A BERLIN.

Instruction secrète pour le comte de Finck.

Berlin, 10. janvier 1757.

Dans la situation critique où se trouvent nos affaires[1]), je dois vous donner mes ordres, pour que, dans tous les cas malheureux qui sont dans la possibilité des évènements, vous soyez autorisé aux partis qu'il faut prendre.

1° S'il arrivait — de quoi le Ciel préserve! — qu'une de mes armées en Saxe fût totalement battue, ou bien que les Français chassassent les Hanovriens de leur pays et s'y établissent et nous menaçassent d'une invasion dans la Vieille-Marche, ou que les Russes pénétrassent par la Nouvelle-Marche, il faut sauver la famille royale, les principaux dicastères, les ministres et le directoire. Si nous sommes battus en Saxe du côté de Leipzig, le lieu le plus propre pour le transport de la famille et du trésor est à Cüstrin; il faut, en ce cas, que la famille royale et tous ci-dessus nommés aillent, escortés de toute la garnison, à Cüstrin. Si les Russes entraient par la Nouvelle-Marche, ou qu'il nous arrivât un malheur en Lusace, il faudrait que tout se transportât à Magdebourg. Enfin, le dernier refuge est à Stettin; mais il ne faut y aller qu'à la dernière extrémité. La garnison, la famille royale et le trésor sont inséparables et vont toujours ensemble; il faut y ajouter les diamants de la couronne et l'argenterie des grands appartements, qui en pareil cas, ainsi que la vaisselle d'or, doit être incontinent monnayée.

S'il arrivait que je fusse tué, il faut que les affaires continuent leur train sans la moindre altération et sans qu'on s'aperçoive qu'elles sont en d'autres mains; et en ce cas il faut hâter serments et hommages, tant ici qu'en Prusse, et surtout en Silésie.

Si j'avais la fatalité d'être pris prisonnier par l'ennemi, je défends qu'on ait le moindre égard pour ma personne, ni qu'on fasse la moindre réflexion sur ce que je pourrais écrire de ma détention. Si pareil malheur m'arrivait, je veux me sacrifier pour l'État[2]), et il faut qu'on obéisse à mon frère, lequel, ainsi que tous mes ministres et généraux, me répondront de leur tête qu'on n'offrira province ni rançon pour moi, et que l'on continuera la guerre, en poussant ses avantages tout comme si je n'avais jamais existé dans le monde.

J'espère et je dois croire que vous, comte Finck, n'aurez pas besoin de faire usage de cette instruction; mais, en cas de malheur, je vous autorise à l'employer, et, marque que c'est, après une mûre et saine délibération, ma ferme et constante volonté, je la signe de ma main, et la munis de mon cachet.

Federic, R.

(L. S.)

Zur Erläuterung: [1]) *la situation critique:* das zweite Jahr des Siebenjährigen Krieges; die sächsische Armee ist in Pirna eingeschlossen, das preußische Heer liegt in Sachsen im Winterlager. — [2]) *je veux me sacrifier pour l'État:* der König trug während des Krieges für den Fall seiner Gefangennahme Gift bei sich. — [3]) *ni province:* vgl. dazu die vielen historischen Fälle, in denen Provinzen als Lösegeld geopfert wurden oder werden sollten; S. 47.[1]

---

[1] In unseren Tagen haben die Minister der britischen konservativen Regierung Edward Heath (1970 bzw. 1973) untereinander einen Pakt geschlossen, daß keiner von ihnen für den Fall seiner gewaltsamen Entführung losgekauft werden wolle — mit dem echt britischen *understatement,* daß jeder von ihnen ersetzbar und entbehrlich sei (Meldung der Frankfurter Allgem. Zeitung vom 8. Okt. 1975).

13. Loskauf — Privat

Kurd von Schlözer in einem Brief aus Rom vom 30. Juni 1865 über seine damals von ihm geplante Reise nach Sizilien:

Vor unserer Abreise von Rom hatte man uns alle möglichen Geschichten von afrikanischer Hitze und sizilianischen Räubern erzählt. Liszt stellte mir für den Fall, daß wir gefangen würden, ein Konzert und mindestens zehntausend Scudi als Lösegeld für unsere Befreiung in Aussicht.

Zur Erläuterung: Kurd von Schlözer, Römische Briefe ²1913. — Franz v. Liszt, der große Komponist und Pianist, lebte als gefeierter Liebling des Publikums seit 1861 längere Zeit in Rom, wo Schlözer damals preußischer Gesandter bei der römischen Kurie war. — Loskäufe aus privater Initiative sind namentlich im Zeitalter der philanthropen Tugenden nichts seltenes gewesen. Stellvertretend für Viele sei hier der Pfälzische Präsident Ferdinand v. Lamezan genannt (gest. 1817). In einem ihm gewidmeten Nekrolog vom 31. Jan. 1818 findet sich der Satz: „Er war es, der die Loskaufsumme herschoß, um einige in die Sklaverei von Algier gerathene Pfälzer zu befreien, zu einer Zeit, wo Europa noch nicht die Schmach empfand, die ihm in seinen Söhnen von einer kleinen Räuberbande angethan ward, wie es jetzt mit Worten sie ahndet.“ (Mannheimer Geschichtsblätter 26, 1925, Sp. 15—18.)

14. Erpresserischer Menschenraub in italienischen Statuten

zu Seite 13

a) Statuten von Florenz 1322, Nr. III 11

De hominibus populorum comitatus cogendis ad robarias emendandas, et de pena capientium aliquem violenter.

Si quis abduxerit, vel violenter ceperit aliquem puerum vel aliquam personam civitatis Florentie vel districtus vel aliunde in civitate Florentie vel districtu causa extorquendi pecuniam, vel ad predictum maleficium eum assotiaverit, vel predicta vel aliquod predictorum commicti fecerit, puniatur in libris duobus milibus f. p. Et si dictam condempnationem non solverit infra decem dies post condempnationem factam, si tunc fuerit in fortia Communis Florentie vel si post ipsam condempnationem aliquo tempore venerit in ipsius Communis Florentie fortiam, et infra decem dies tunc a die quo fuerit in ipsius Communis fortia computandos ipsam condempnationem librarum duorum milium de eo factam non solverit, furcis per gulam appendatur, taliter quod moriatur.

b) Statuten von Rom 1363 Nr. II 25

De rapientibus puerum vel puellam.

Quicunque rapuerit vel abduxerit libidinis vel plagii causa, vel causa faciendi redimi, aliquem puerum vel puellam, vel recipi fecerit, suspendatur per gulam, si capi potuerit. Aliter diffidetur et condempnetur in eadem pena ad furchas, et perpetuo reaffidari non possit.

Zur Erläuterung: Strafnormen gegen den erpresserischen Menschenraub sind im Mittelalter selten. Die vorstehenden italienischen Normen hat Georg Dahm gefunden und die Fundstellen mitgeteilt (G. Dahm, Das Strafrecht Italiens im ausgehenden Mittelalter, 1931, S. 452). Wir geben darüber hinaus den Wortlaut. Er stützt sich für Florenz auf die Edition von Romolo Caggese, Statuti della Repubblica Fiorentina Band 1, Firenze 1910, S. 154; für Rom auf die Edition von Camillo Re, Statuti della città di Roma del secolo XIV, Rom 1880.

Zu a), Florenz:

De hominibus ... cogendis: Der Titel der Strafnorm ist in seinem ersten Teil verderbt. — *civitatis Florentiae vel districtus:* die Strafnorm bezieht sich auf den Raub einer Person, welche der Stadt Florenz oder ihrem Hoheitsgebiet angehört. Das Delikt kann auch in einer dritten Stadt begangen werden; es kommt auf das Bürgerrecht des Geraubten an. — *vel aliunde:* ist danach ein *quam* zu denken? — *assotiare:* zum Mittäter pressen, um weiteren erpresserischen Menschenraub zu begehen. — *puniatur in duobus milibus florinis:* die Strafe geht primär auf Geld. Das Gesetz hat verbannte Magnaten im Auge, die oft vermögend waren oder zu vermögenden Verwandten in Beziehung standen (das Gesetz spricht in dem hier nicht abgedruckten ersten Teil an erster Stelle von *exbanniti*). Nur für den Fall des Unvermögens wird dem Täter der Galgen angedroht (*furcis per gulam appendatur*). — *gula:* die Kehle.

Zu b), Rom:

Das Statut von Florenz hat in erster Linie politische Verbrechen verbannter Magnaten im Auge, ja Fehdehandlungen; demgegenüber steht in dem Statut von Rom ein kriminelles Verhalten im Vordergrund. Das Statut nennt den Menschenraub aus sexuellen Motiven (Verschleppung in ein Bordell), den Menschenraub schlechthin, endlich denjenigen zur Erpressung von Lösegeld (*causa faciendi redimi*). Anders als in Florenz wird hier nicht eine Geldstrafe angedroht, sondern nur der Tod am Galgen. Das Statut denkt vor allem an den Schutz junger Menschen (*puer vel puella*); vielleicht auch des Elternrechts. — *vel abduxerit:* die Straftat kann auch durch List oder durch Verführung begangen werden, während das Statut von Florenz nur das *violenter capere* nennt. — *recipi:* drei Textvarianten haben stattdessen *rapi*, was besseren Sinn ergibt — *diffidetur* usw.: der Täter kann auch in Abwesenheit verurteilt werden, er soll dann zusätzlich für alle Zeit — *perpetuo* — der Acht verfallen.

Zu den Abbildungen

1. Rom, Monte Celio, Christus als Loskäufer Gefangener

zu Seite 32

Ein Mosaik des Meisters Jacobus und seines Sohnes Cosmas vom J. 1218. Das farbige Mosaik befindet sich an dem Hause Via della Navicella 4, heutiges Istituto Sperimentale per la Nutrizione delle Piante. Im Mittelalter war dieses Haus ein Hospital des Loskaufordens der Trinitarier. Dort ist der Gründer dieses Ordens, Johann von Matha, am 17. Dez. 1213 gestorben.

Über einer Toreinfahrt befindet sich ein großer romanischer Rundbogen mit der Inschrift + MAGISTER JACOBUS CUM FILIO SUO COSMATO FECIT HOC OPUS. Darüber in einer reichen romanischen Ädikula, die rechts und links von je 3 Säulen flankiert ist, befindet sich das runde Mosaik, über demselben das gleicharmige Kreuz der Trinitarier; der senkrechte Arm ist durchgehend rot, der horizontale grün.

Das Rundbild trägt die Umschrift + SIGNUM ORDINIS SANCTAE TRINITATIS ET CAPTIVORUM. *Signum* bedeutet wohl Wappen und Siegel zugleich. In der Mitte thront ein bärtiger Christus mit Heiligenschein im Gestus eines Weltenrichters. Rechts und links von ihm stehend zwei Sklaven, beide an den Füßen mit einer Spange gefesselt; sie sind nackt, nur mit einem Lendenschutz bekleidet. Beide hat der Christus mit seinen Händen an der Handwurzel gefaßt, in einer Art von Anevangsgestus. Der Sklave zur Rechten des Christus ist ein Weißer, er trägt in seiner freien Hand ein Kreuz, ist also ein Christ. Der Sklave zur Linken ist ein Schwarzer, ohne Kreuz in der Hand, also offenbar kein Christ. Das Bild will also sagen, daß Christus Herr und Erlöser von Christen wie Heiden ist.

Der Bildtypus vom Monte Celio wirkt fort in einem Barockgemälde von 1700, welches noch heute hinter dem Altar der Kirche S. Maria in Monterone zu Rom zu sehen ist (nahe am Corso Vittorio Emmanuele). Die Kirche steht seit 1815 in der Obhut der Redemptoristen, vorher gehörte sie dem Loskauforden der Mercedarier. Daraus erklärt sich der Inhalt des Bildes: Rechts und links die Ordensheiligen Petrus de Nolasco und Petrus Pascasius, die Madonna verehrend. Zwischen den Heiligen zwei Sklaven mit entblößten Oberkörpern, der eine in Hand-, der andere in Fußfesseln, der linke zur Madonna aufsehend, der rechte geneigt; über allem schwebend zwei Engel, der eine weiß, der andere „*moro*".

Das Bild von dem Mosaik auf dem Monte Celio verdanke ich der Bibliotheca Hertziana in Rom.

2. Loskauf eines Gefangenen. Manessesche Liederhandschrift (14. Jh.)

Universitätsbibliothek Heidelberg fol. 282

Nach früheren Deutungen stellt das Bild „den tugendhaften Schreiber beim Geldzählen" dar. Die richtige Deutung hat demgegenüber Hans FEHR gefunden: die zur Linken sitzende, früher als der Schreiber gedeutete Gestalt trägt ein reiches Gewand und ein Pelzbarett. Sie ist aber deutlich sichtbar an den Füßen mit einer eisernen Spange gefesselt, also ein Gefangener. Das Bild will den Loskauf eines gefangenen Dichters darstellen. Die in der Mitte stehende Person hat das Loskaufgeld gebracht und gibt den Befehl, das Geld aus einem Sack auf die Waage am unteren Bildrand zu schütten (auch gemünztes Geld wurde im Mittelalter gewogen, namentlich Münzen aus Silber und Gold, vgl. oben S. 92). Die gebeugte Gestalt rechts ist ein Diener, der den Wägevorgang vollzieht. Der Gewalthaber des Gefangenen ist wohl in der stehenden Figur rechts zu erblicken. Der Redegestus der drei Gestalten links soll wohl zum Ausdruck bringen, daß sie sich — auch der Gefangene — über die Höhe des Lösegeldes geeinigt haben.

Hans FEHR, Das Recht im Bilde, 1923, Bild 204, dazu Fehr, Seite 156/157; Gisela SIEBERT-HOTZ, Das Bild des Minnesängers. Motivgeschichtl. Untersuchungen zur ... Heidelberger Liederhandschrift, Marburger phil. Diss. 1964, S. 313.

3. Holzfiguren gefesselter Sklaven

zu S. 73

Diese Holzfiguren befinden sich im Museum für Hamburgische Geschichte, Hamburg, Holstenwall 24. Sie sind etwa 30 cm hoch und in einem Farbton koloriert, in welchem dunkelbraun überwiegt. Die Figuren stellen Hamburger Seeleute dar, welche in die Hand der Türken gefallen sind. Sie tragen deshalb türkische Gewandung, sie sind aber christliche Sklaven, wie ihre Fesseln zeigen. Sie sind um den Leib und an einem ihrer Füße gefesselt; die Kette am Fuß ist mit derjenigen um den Leib verbunden. Die Hände sind zum Arbeiten frei, hier aber sind sie bittend oder betend zusammengelegt. Die Sklaven beten um ihren Loskauf. Diese Figuren standen einst in den Kirchen Hamburgs neben dem Opferstock.[1]

[1] Den Hinweis auf diese Figuren verdanke ich Herrn Notar Hans HERTZ in Hamburg; dem Museum für Hamburgische Geschichte danke ich für die Erlaubnis zur Publikation.

4. Urkunde. Loskauf nur nach tapferem Kampf

Texte S. 112

5. Kirchliche Dankprozession von Losgekauften

zu S. 36

Ein Stich aus Paris vom Ende des 18. Jh.s. Dargestellt ist die Dankprozession von der Abtei St. Antoine zur Kathedrale von Notre Dame am 17. Oktober 1785, vier Jahre vor der großen Revolution. Der Text unter dem Bilde lautet: Ordre et Marche de la Procession des Captifs François racheté par les 2 Ordres de la Redemption, a savoir celui des Chanoines Reguliers de la Sainte Trinité dit Matharins et celui de Notre Dame de la Mercy, sortant de l'Abbaye de St. Antoine pour se rendre à l'Église Chathédrale de Notre Dame de Paris, le 17. Octobre 1785. A Paris chez (der Verleger unleserlich). Die Prozession wird auf dem Bilde für den Zweck der Darstellung im Halbrund gezeigt, der Anfang ist vorn im Bild rechts, die Geistlichkeit bildet rechts hinten den Beschluß; so entspricht es dem kirchlichen Zeremoniell. Die Prozession wird von Soldaten mit Gewehren begleitet, teils zum Schutz und teils als Ehrenwache. Einige Erlöste tragen einen Palmzweig als Zeichen des Dankes (Psalm 92.13). Die Gelösten gehen barhäuptig, sie tragen noch orientalische Pluderhosen. Viele Erlöste haben noch einmal ihre Ketten angelegt und sich damit ihre Hände zusammengeschlossen oder sich mit anderen Gefangenen zusammengefesselt. Es war Brauch, die Ketten in der Wallfahrtskirche als Weihgabe darzubringen. — Die Fahnen in der Mitte des Bildes sind vermutlich diejenigen der beiden hier zusammenwirkenden Loskauforden.

6. Selbstdarstellung eines Losgekauften in seiner Haft

zu S. 36

Nicht immer reagierte ein Losgekaufter mit dem Dank an Gott. Unser Bild führt uns in das Paris der Aufklärung, 1685. Ein Losgekaufter hat sich nach seiner Befreiung malen lassen; der danach gefertigte Stich stammt von dem Graveur Leroux dem Älteren in Paris und ist im Handel käuflich (se vend a Paris chez F. Jollain). Der Text am Kopf des Bildes lautet in deutscher Übersetzung: „Christlicher Französischer Sklave zu Algier in der Barbarei (d. i. im Lande der Berber). Die Barbarei ist voll von Piraten und Korsaren, von denen die meisten abtrünnige Christen sind. Sie treiben Handel mit Sklaven und verkaufen diese wie Pferde. Der Kaufpreis ist ihnen dabei wichtiger als die türkische Religion. Die Sklaven sind mehr oder minder unglücklich, je nach dem

Charakter der Herren, welche sie kaufen. Dieses ist ein französischer Edelmann, sehr ausgezeichnet, welcher 15 Jahre unter drei verschiedenen Herren grausam gelitten hat. Doch schließlich wurde er an einen weiteren Herrn verkauft, der einsichtiger war. Dieser ließ ihn stricken und wollenes Tuch herstellen, woraus man Hemden und Kleider macht. Der französische Herr wurde 1670 auf den Hyerischen Inseln (Inselgruppe im Mittelmeer) gefangen und 1685 losgekauft. Er hat sein Porträt so fertigen lassen wie man es hier sieht."

Das Bild zeigt den Sklaven mit einer schweren Fußfessel; mit dem freien Ende der Kette wurde der Sklave in der Nacht an einen Wandring angeschlossen. Der Sklave trägt sein Strickzeug in der Hand. Der freie Fuß tritt auf einen Turban zum Zeichen der Ablehnung des Islam. — Der Stich findet sich im Marinemuseum zu Marseille. Ich verdanke ihn der Aufmerksamkeit meines Kollegen Andreas WACKE in Köln.

Abb. 1 Rom. Monte Celio. Christus als Loskäufer Gefangener

Abb. 2 Loskauf eines Gefangenen. Manessesche Handschrift

Abb. 3 Holzfiguren gefesselter Sklaven

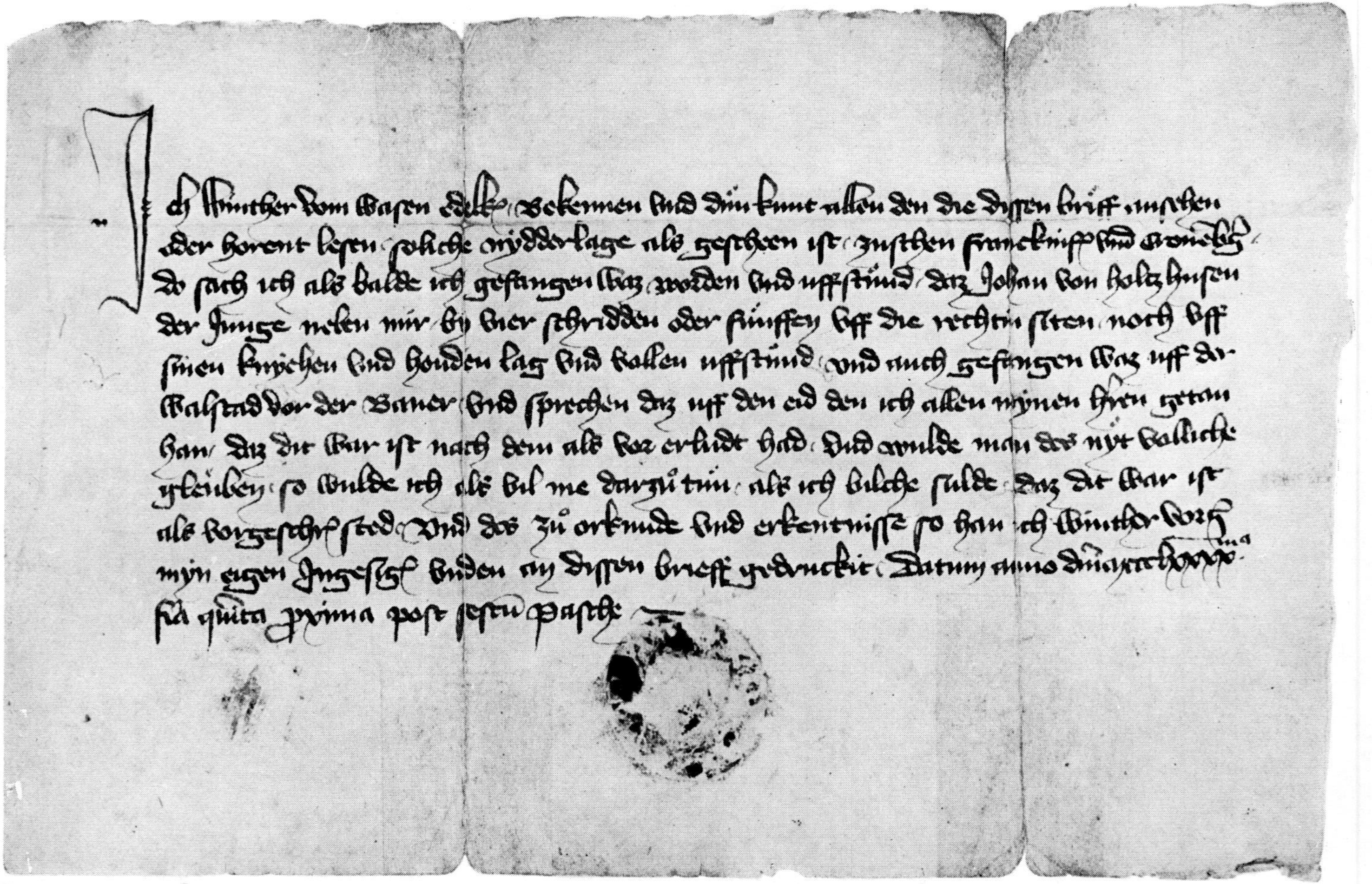
Ich Wnther vom Wasen edelkn. bekennen und dun kunt allen den die dyssen brieff ansehen
oder horent lesen solche nydderlage als geschehen ist zuschen Francfurt und Cronenbg
do sach ich als balde ich gefangen was worden und uffstund daz Johan von Holtzhusen
der junge neben mir by vier schridden oder funffen uff die rechten syten noch uff
sinen knyehen und henden lag und wollen uffstund und auch gefangen was uff der
walstad vor der banner und sprechen daz uff den eid den ich allen mynen heren getan
han daz dit war ist nach dem als vor erludt had. und wulde man des nyt wallicht
gleuben so wulde ich als vil me darzu tun als ich billiche sulde daz dit war ist
als vorgeschr sted. Und des zu orkunde und erkentnisse so han ich Wnther vorg
myn eigen ingesigel unden an dyssen brieff gedruckit. Datum anno domini m ccc lxxxix
fra quinta prima post festum pasche

Abb. 4 Loskauf nur nach tapferem Kampf. Attest

Abb. 5 Kirchliche Dankprozession von Losgekauften

Abb. 6 Selbstdarstellung eines Losgekauften in seiner Haft

Literatur

Ein nur gelegentlich zitiertes Schrifttum ist hier nicht aufgeführt.

E. Baasch, Die Hansestädte und die Barbaresken, 1955.

E. Baasch, Hamburgs Convoyschiffahrt und Convoywesen, 1896.

G. Bergsträsser, Grundzüge des islamischen Rechts, hg. von J. Schacht, 1935.

M. Bernhard, The Growth of Laws and Usages of War, London 1856.

G. Bullinger, König Richard Löwenherz und Kaiser Heinrich VI., Tübinger phil. Diss., 1947 (masch.).

G. Dahm, Das Strafrecht Italiens im ausgehenden Mittelalter, 1931.

H. G. Dahms, Geschichte der Neuen Welt, 1951.

A. Deissmann, Licht aus Osten, 4. Aufl., 1923.

B. Diestelkamp, Die Städteprivilegien Herzog Ottos des Kindes, 1961.

W. Ebel, Sklavenversicherung und Sklavereiversicherung. Zeitschr. f. Versicherungswissenschaft 1963, S. 224.

W. Ebel, Lübisches Recht I, 1971.

A. Erler, Ältere Ansätze zur Überwindung der Sklaverei, 1978.

M. Escobar, Ordini e Congregazioni religiose I., 1953.

F. Graus, Die Rolle der Gewalt, Jahrbuch für Wirtschaftsgeschichte, Berlin (Ost) 1961.

F. Graus, Die Gewalt bei den Anfängen des Feudalismus und die „Gefangenenbefreiungen" der merowingischen Hagiographie. Jahrb. f. Wirtschaftsgeschichte I., 1961.

M. Heimbucher, Die Orden und Kongregationen der Katholischen Kirche 1933, Neudr. 1965.

Fr. Herrmann, Über die Seeräuber im Mittelmeer und ihre Vertilgung. Ein Völkerwunsch an den Erlauchten Kongreß in Wien. 1815.

J. Höffner, Christentum und Menschenwürde, 1947, 2. Auflage unter dem Titel Kolonialismus und Evangelium, 1969.

G. Kehnscherper, Die Stellung der Bibel und der alten christlichen Kirche zur Sklaverei, Halle 1957.

W. Knorr, Das Ehrenwort Kriegsgefangener, 1916, Gierkes Untersuchungen, Heft 127.

Jos. Kohler und H. Ziebarth, Das Stadtrecht von Gortyn, 1912.

G. L. Krieg, Geschichte der Stadt Frankfurt a. M. in ausgewählten Darstellungen, 1861.

G. F. Martens (Hg.), Recueil de Traités d'Alliance, de Paix, de Trève des Puissances et Etats de l'Europe, Tome 1—8, 1761—1808, Göttingen, 2. Aufl., 1817—1835.

Th. Mayer-Maly, Das Notverkaufsrecht des Hausvaters, ZRG (RA) 75 (1958), S. 116.

Fr. Merzbacher, Der Artikelbrief für die Reichsarmee von 1682. ZRG (GA.) 69 (1952), S. 349.

G. Micknat, Studien zur Kriegsgefangenschaft und Sklaverei in der griechischen Geschichte I, 1954.

E. Nys, Les Origines du droit international. Bruxelles 1898.

E. Orth, Die Fehden der Reichsstadt Frankfurt a. M. im Spätmittelalter, Frankfurter Hist. Abhandlungen, Bd. 6, 1973.

M. Pappenheim, Altdänische Schutzgilden, 1885.

H. Planitz, Die Vermögensvollstreckung im deutschen mittelalterlichen Recht I, 1912.

F. Redlich, De Praeda Militari. Looting and Booty 1500—1815. Wiesbaden 1956.

W. Ried, Deutsche Segelschiffahrt, 1974.

A. Romano, Le Affiliazioni dell'Ordine Trinitario. Appunti Storici. Isola del Liri, 1942.

F. Schaffstein, Raub und Erpressung in der deutschen gemeinrechtlichen Strafrechtsdoktrin, insbes. bei Carpzov. Festschr. für K. Michaelis, 1972, S. 291 f.

L. v. Seuffert, Der Loskauf von Sklaven mit ihrem Geld. Festschr. für die Juristische Fakultät in Gießen, hg. von Reinhard Frank, 1907.

L. Stone, An Elizabethan: Sir Horatio Palavicino, Oxford 1956.

P. D. W. Tonnies, Merkantilistisch-Geschichtliche Darstellung der Barbareskenstaaten ... mit besonderer Hinsicht auf Hamburg. 1826.

Ch. Verlinden, Orthodoxie et esclavage au bas moyen âge. Mélanges Eugène Tisserant, Bd. 5. Vatikan 1964.

Ch. Verlinden, L'esclavage dans L'Europe médiévale, 1955.

Ch. Verlinden, L'Esclavage en Sicile sous Fréderic II. d'Aragon, Gent 1966.

W. E. Wilda, Gildenwesen im Mittelalter, 1831.

S. Vilfan, Die wirtschaftliche Auswirkung der Türkenkriege aus der Sicht der Ranzionierungen, der Steuern und der Preisbewegung. Grazer Forschungen, Band 1, S. 177.

E. Wiskemann, Hamburg und die Weltpolitik. 1927.

W. Wunderlich, Das Kriegsgefangenenrecht im Deutschen Reich vom 16. Jh. bis 1785. 1968.

Register

I. Personen- und Ortsverzeichnis

II. Sachverzeichnis